Otto von Frisch

Streifenhörnchen
richtig pflegen und verstehen

Experten-Rat für die artgerechte Haltung
Auch für Kinder, die ihr Tier selbst versorgen

Mit Farbfotos bekannter Tierfotografen
und Zeichnungen von Fritz W. Köhler

Die Farbfotos auf dem Buchumschlag zeigen:
Umschlagvorderseite: Streifenhörnchen lieben
Erdnüsse (großes Foto), handzahmes
Streifenhörnchen (kleines Foto).
Umschlagseite 2: Handzahmes Streifenhörnchen
nimmt einen Leckerbissen aus der Hand.
Umschlagseite 3: Zwei wildlebende Nördliche
Palmenhörnchen (*Funambulus palmarum*).
Umschlagrückseite: Streifenhörnchen beobachten
ihre Umgebung aufmerksam.

Die Fotografen:
Angermayer/Lange: Seite 47 o. r.: Coleman/Blake:
Seite 28; Coleman/Shaw: Seite 47 o. l.;
Okapia/McHugh: Seite 38; Pollin: Seite 37; Silvestris:
Seite 48; Silvestris/Schouten: Seite 47 unten; Steimer:
U 1 (großes und kleines Foto), U 4; Wothe: U 2, Seite
9, 10, 27, U 3.

© 1985 GRÄFE UND UNZER VERLAG GmbH,
München
Inhaltlich unveränderte Ausgabe der 11. Auflage
Alle Rechte vorbehalten. Nachdruck, auch auszugs-
weise, sowie Verbreitung durch Film, Funk, Fern-
sehen und Internet, durch fotomechanische Wieder-
gabe, Tonträger und Datenverarbeitungssysteme
jeder Art nur mit schriftlicher Genehmigung des
Verlages.

Herstellung: Robert Gigler
Umschlaggestaltung: Heinz Kraxenberger
Reproduktionen der Farbbilder und des Umschlags:
Graphische Anstalt E. Wartelsteiner
Druck und Verarbeitung:
sachsendruck GmbH, Plauen

ISBN (10) 3-7742-2038-7
ISBN (13) 978-3-7742-2038-6

Auflage   19.   18.
Jahr   2007   2006

Professor Dr. Otto von Frisch

ist in ständigem Kontakt mit allen möglichen
Tieren aufgewachsen.
Otto von Frisch studierte Biologie an der Uni-
versität München, ein Jahr in den USA. Seine
Doktorarbeit, die er 1956 schrieb, befaßte sich
mit der »Brutbiologie und Jugendentwicklung
des Brachvogels«. Er war bis zu seiner Pen-
sionierung 1994 Direktor am Staatlichen
Naturhistorischen Museum in Braunschweig
und Professor für Zoologie an der TU Braunschweig. 1973 erhielt Otto von Frisch den
Deutschen Jugendbuchpreis für
»1000 Tricks der Tarnung«.
GU Tier-Ratgeber vom Autor:
»Der Beo«; »Hamster richtig pflegen und verstehen«; »Kanarienvögel«; »Gartenvögel«.

Wichtig: Damit die Freude an Streifenhörnchen
als Heimtiere ungetrübt bleibt, beachten Sie
bitte die »Wichtigen Hinweise« auf Seite 56.

Inhalt

Ein Wort zuvor

Meine erste Bekanntschaft mit Streifenhörnchen machte ich im mittleren Westen der Vereinigten Staaten von Amerika. Ich verbrachte dort ein Jahr als Student und war fasziniert von der für mich völlig neuen Tierwelt. Vor allem die nordamerikanischen Streifenhörnchen, die Chipmunks, hatten es mir angetan, die überall – auch in den Gärten und Parks der Stadt – ihr munteres Wesen trieben. Ich war so begeistert von ihnen, daß ich kurzerhand eines der recht zutraulichen Tiere in meine Studentenbude mitnahm und auf dem rundum vergitterten Balkon einquartierte. Als meine Vermieterin eines Tages meinen Untermieter entdeckte, protestierte sie lautstark und nachdrücklich, und ich mußte den kleinen Kerl wieder in die Freiheit entlassen.

Erst viele Jahre später wurden Verwandte dieser Chipmunks, die Asiatischen Streifenhörnchen, in der Bundesrepublik importiert und waren im Zoofachhandel zu haben. Von da an ließen mich die Streifenhörnchen nicht mehr los. Diese noch nicht domestizierten Tiere, die meist schnell zutraulich und handzahm werden, sind possierliche und interessante Haus- oder Zimmergenossen. Voraussetzung ist allerdings, daß man Platz hat, denn Streifenhörnchen sind wahre Kletterkünstler, die ihren arteigenen Bewegungstrieb ausleben müssen. Eingesperrt in einen kleinen Käfig würden sie bald kümmern und ihrem Besitzer ein recht trauriges Bild bieten.

Wie ein artgemäßer Käfig und die Käfigeinrichtung aussehen sollten, habe ich in dem Kapitel »Unterbringung« ausführlich beschrieben. Heimwerker finden dort auch Anregungen zum Selberbauen eines geeigneten Streifenhörnchen-Käfigs.

Meine ersten Streifenhörnchen lebten in einer großen Gartenvoliere, in der sie genug Platz hatten, um – wie in der Natur – Reviere zu besetzen. Sogar Nachwuchs stellte sich ein. Als eines der Jungen von seiner Mutter aus dem Nest geworfen wurde, mußte ich den Winzling mit der Puppenflasche großziehen. Das Tierchen wurde so zahm, daß es mir im Haus überall hin folgte, sogar im Garten konnte ich es frei laufen lassen. Ein kurzer Pfiff genügte und das Hörnchen kletterte an meinem Hosenbein hoch und verschwand in meiner Jackentasche.

Wie ein Jungtier, aber auch ein älteres, schon selbständiges Hörnchen handzahm wird und was beim Auslauf in Haus und Garten zu beachten ist, um das Tier vor Gefahren zu schützen, erfahren Sie in diesem Buch. Beachten Sie dazu bitte auch die »Wichtigen Hinweise« auf Seite 56. Außerdem finden Sie darin Wissenswertes über Gesundheitsfürsorge, Behandlungsmaßnahmen bei Krankheiten und Verletzungen und natürlich auch vieles über die artgemäße Ernährung. In dem Kapitel »Streifenhörnchen verstehen lernen« werden die natürlichen Verhaltensweisen dieser Tiere beschrieben. Dieses Wissen ist für die artgerechte Haltung eines Hörnchens außerordentlich wichtig, und zwar nicht nur für die Einzelhaltung, sondern auch für die Zucht, die nur bei Schaffung naturgemäßer Bedingungen zum Erfolg führt (→ Seite 39).

Die Farbfotos des Buches zeigen Streifenhörnchen als Heimtiere und in ihrem natürlichen Lebensraum; außerdem ihre wichtigsten wildlebenden Verwandten, zu denen auch unser Eichhörnchen gehört. Informative Zeichnungen von Fritz W. Köhler illustrieren Anleitungen und Ratschläge, die für den täglichen Umgang mit Streifenhörnchen wichtig sind.

Noch ein Rat für den Anfänger in der Streifenhörnchenhaltung: Schaffen Sie sich zunächst nur *ein* Hörnchen an. Erst wenn Sie die Lebensweise des Tieres genau kennen, können Sie sich überlegen, ob Sie für ein zweites Hörnchen die richtigen – artgemäßen – Haltungsbedingungen schaffen können.

Otto von Frisch

Überlegungen vor der Anschaffung

Streifenhörnchen sehen fast aus wie Mini-Eich-hörnchen oder »Maushörnchen«, ein Mischwesen zwischen Maus und Eichhörnchen. Kleiner als ein Eichhörnchen, haben sie dessen buschigen Schwanz und das ausgezeichnete Klettervermögen. Größer als eine Maus, huschen sie ebenso flink wie diese am Boden umher, besitzen die gelbbraune Grundfärbung, die unsere Waldmaus auszeichnet, und die großen schwarzen Augen.

Im Gegensatz zu Kaninchen, Meerschweinchen und Goldhamstern sind sie noch nicht durch unentwegte Zucht zu einer Zuchtrasse der Wildform geworden, sondern es sind immer noch Wildtiere mit sehr ausgeprägten natürlichen Verhaltensweisen.

Zumindest als Comic-Figuren sind Streifenhörnchen weltberühmt geworden, denn wer kennt nicht A-Hörnchen und B-Hörnchen aus Walt Disneys Zeichentrickfilmen und Comics. In zahllosen Geschichten spielen die beiden Hörnchen – es sind Chipmunks, eine nordamerikanische Streifenhörnchenart – possierlich ihre Rollen und sammeln ständig mit vollen Backentaschen Vorräte für den Winter, stets lustig und munter.

Paßt ein Streifenhörnchen zu Ihnen?

Bevor Sie sich entschließen, ein Streifenhörnchen anzuschaffen, sollten Sie über einige Dinge Bescheid wissen, die für die artgerechte Haltung eines Hörnchens wichtig sind. Nur so können Sie entscheiden, ob ein Streifenhörnchen das richtige Heimtier für Sie und Ihre Familie ist.

• Streifenhörnchen sind tagsüber aktiv und schlafen nachts. Das heißt, sobald es abends dämmrig wird, ziehen sie sich in ihr Schlafkästchen zurück und lassen sich bis zum nächsten Morgenlicht nicht mehr blicken. Man hat also viel Gelegenheit, sein Streifenhörnchen zu be-obachten und sich mit ihm zu beschäftigen – vorausgesetzt, man ist nicht den ganzen Tag außer Haus. Und beschäftigen muß man sich mit dem Hörnchen, wenn es handzahm werden soll. Aber auch ein zahmes Hörnchen braucht regelmäßig Zuwendung von seinem Pfleger. Für Berufstätige käme deshalb eher ein Hamster in Frage, denn dessen Hauptaktivität liegt in den Abendstunden.

Mit Leckerbissen läßt sich ein Streifenhörnchen schnell handzahm machen. Am besten bieten Sie das Futter in der hohlen Hand an, so kann das Hörnchen sich mit den Vorderpfötchen an Ihren Fingern abstützen.

• Streifenhörnchen haben einen großen Bewegungsdrang, sie hüpfen, laufen, klettern, springen fast unentwegt und fressen ständig. Falls Sie das nervös macht, paßt ein Streifenhörnchen auf keinen Fall zu Ihnen.
• Sind Sie ein äußerst penibler Mensch, der Reste von Sonnenblumenkernen oder Erdnußschalen auf seinem Teppich verabscheut? Beim Herumturnen im Käfig werden schon ab und zu Futterreste oder Teile der Einstreu von dem buschigen Schwanz hinausgefegt.
• Schlagen Sie gleich die Hände über dem Kopf zusammen, weil das Hörnchen auf den Möbeln oder auf dem Teppich ein winziges Pfützchen

und ein paar Kotwürstchen »hinterläßt«? Wenn ein Streifenhörnchen Freiauslauf im Zimmer hat – was es unbedingt haben sollte –, passiert das nun einmal. Seine kleinen und großen »Geschäfte« macht das Hörnchen ohne Rücksicht darauf, wo es sich gerade aufhält. Entsprechend der Körpergröße Ihres Hausgenossen sind diese »Geschäfte« allerdings stets klein, die großen kaum größer als Mäuseköttel. Sie lassen sich leicht mit einem Papiertaschentuch oder einfachen anderen Hilfsmitteln entfernen. Sie hinterlassen auch keine Flecken und, was sehr wesentlich ist, sie stinken nicht. Streifenhörnchen haben überhaupt kaum einen unangenehmen Geruch, eigentlich gar keinen. Voraussetzung ist natürlich, daß man den Käfig sauber hält.

• Die Anschaffungskosten für einen geeigneten Käfig sind verhältnismäßig hoch, falls man ihn nicht selber basteln kann. Obwohl Streifenhörnchen so klein sind, brauchen sie einen sehr geräumigen Käfig (→ Seite 14).

• Eine gewisse Zeit zum Füttern und für die Käfigreinigung muß täglich (am Morgen) einkalkuliert werden.

• Läuft das Streifenhörnchen ab und an frei im Zimmer, dann sollten Sie die Zeit aufbringen und dabeibleiben, um Unglücksfällen vorbeugen zu können (→ Gefahrenkatalog, Seite 30). Außerdem macht das Zuschauen Spaß.

• Für eine Einzimmerwohnung kann ich die Haltung von Streifenhörnchen nicht recht empfehlen. Sie werden sehen, daß diese bewegungsfreudigen Tiere einen sehr großen Käfig brauchen (→ Seite 14), und der muß seinen Platz an einem geeigneten Standort finden. Und dann, wie schon beschrieben, kann das ständige Hin und Her, das Knispern, Knabbern, Nagen und Kraspeln auch die stärksten Nerven mit der Zeit belasten.

• Streifenhörnchen müssen täglich versorgt werden, und das viele Jahre lang. (In der Obhut des Menschen können Streifenhörnchen 7 und mehr Jahre alt werden.) Wenn Sie selbst einmal verhindert sind, zum Beispiel in Urlaub fahren, müssen Sie jemanden finden, der sich zuverlässig um das Tier kümmert (→ Seite 11).

• Bitte klären Sie vor der Anschaffung eines Streifenhörnchens ab, ob nicht ein Familienmitglied allergisch gegen Tierhaare ist.

Einzelhaltung, paarweise Haltung oder Gruppenhaltung?

Nicht ganz einfach zu beantworten ist die Frage, ob Sie ein einzelnes Hörnchen anschaffen sollen oder zwei. Als Anfänger in der Streifenhörnchenhaltung sollten Sie mit einem Einzeltier beginnen. Es wird schneller Zutrauen zum Menschen fassen, als wenn es sich »an seinesgleichen halten kann«. Sie können dann auch erst einmal Erfahrung im Umgang mit dem Tier sammeln und mit dessen »Handhabung«.

Wollen Sie zwei Hörnchen halten, brauchen Sie nicht nur einen sehr großen Käfig (→ Seite 14), sondern Sie müssen auch beim Kauf der Hörnchen unbedingt die Gewißheit haben, daß Sie zwei Jungtiere erhalten (junge Hörnchen werden rasch handzahm, → Seite 21). Sind Sie sich dessen nicht ganz sicher, oder handelt es sich offensichtlich um ältere, scheuere Tiere, sollten Sie nur ein Hörnchen kaufen. Ein älteres, scheueres Tier wird bei Einzelhaltung bestimmt eher zahm, als wenn sie zwei scheue Hörnchen haben.

Streifenhörnchen leben in der Natur nicht ständig eng mit Artgenossen zusammen; sie bilden zwar Kolonien, innerhalb dieser Kolonien besetzt aber jedes Tier ein festes Territorium, dessen Grenzen es markiert und gegen den Nachbarn verteidigt (→ Wie Streifenhörnchen in der Natur leben, Seite 46). Ich muß deshalb schon ganz deutlich sagen, daß paarweise Haltung oder Gruppenhaltung in den meisten Fällen früher oder später zu Auseinandersetzungen (Revierkämpfen) zwischen den Tieren führt. Die aggressiveren sind immer die Weibchen, den kürzeren ziehen stets die Männchen.

Wenn es zwischen zwei Hörnchen im gemeinsamen Käfig oder beim Auslauf im Zimmer zu einer Rauferei kommt, dann müssen Sie dazwischengehen. Und das heißt in der Regel: mit den Händen, es sei denn, Sie haben einen kleinen Kescher. Aber mit diesem muß man richtig umgehen können, sonst wird das Tier verletzt.

Selbst bei zusammen aufgezogenen Geschwisterpaaren kann es – vor allem in der Brunftzeit – zu Raufereien kommen. Immerhin gelingt es bei paarweiser Haltung bisweilen doch, daß zwei Hörnchen in Frieden miteinander leben, verträgliche Individuen gibt es auch unter ihnen. Für mehrere Streifenhörnchen braucht man sehr viel Platz, man hält sie am besten in einem großen Gartenkäfig (→ Seite 18).

Kinder und Streifenhörnchen

Für kleine Kinder sind Streifenhörnchen nicht die richtigen Heimtiere. Es sind keine Tiere, die mit noch tolpatschigen und ungeschickt zugreifenden Händen angefaßt und festgehalten werden können. Dazu sind diese Hörnchen zu klein und zu leicht verletzbar. Es sind also keine Schmuse- und Streicheltiere – was eigentlich Tiere sowieso nie sein sollten, aber Kaninchen oder Meerschweinchen lassen sich streicheln und häufiges Anfassen eher gefallen. Für Kinder unter 12 Jahren sollten Sie daher kein Streifenhörnchen einplanen. Sind die Kinder älter, dann werden sie auch ohne Streichelei an dem munteren Treiben und dem immer wieder interessanten Verhalten des Hörnchens ihre Freude haben. Kinder sollten aber von vornherein angehalten werden, sich selbst um

ihren kleinen Hausgenossen zu kümmern und nicht, wenn nach kurzer Zeit das Interesse nachläßt, dies den Eltern überlassen. Füttern und Tränken, den Käfig säubern und sich ein wenig mit dem Tier beschäftigen, das sind tägliche Aufgaben, die gar nicht viel Zeit in Anspruch nehmen, aber doch regelmäßig und zuverlässig erledigt werden müssen.

Da wildlebende Streifenhörnchen die meiste Zeit ihres Daseins alleine verbringen, sind sie als Heimtiere nicht so sehr auf ausgiebigen Umgang mit dem Pfleger angewiesen wie etwa gesellig lebende Sittiche oder Papageien. Aber nur bei täglicher Betreuung und regelmäßiger Beschäftigung mit den Tieren entsteht mit der Zeit eine gewisse Bindung an sie. Das ist gerade für Kinder wichtig.

Streifenhörnchen und andere Haustiere

Falls Sie eine Katze haben, dürfte ein Streifenhörnchen als zweiter Hausgenosse fehl am Platz sein. Das Hörnchen wäre eine gar zu verführerische Beute für eine Katze. Fotografien, auf denen sich eine Katze von einer zahmen Maus auf dem Kopf herumtanzen läßt, würde ich nicht allzuviel wissenschaftliche Beweiskraft zugestehen.

Streifenhörnchen lassen sich durchaus mit anderen Heimtieren in einem Haushalt und auch in einem Raum zusammen halten. Ihren Hund müßten Sie so gut kennen, daß Sie beurteilen können, ob ihn so ein quirliges Wesen aufregt – ob er es bei nächster Gelegenheit apportiert oder als neuen Hausgenossen akzeptiert. Beim Zusammenleben von Streifenhörnchen und Meerschweinchen dürfte es kaum Probleme geben, das gilt auch für Hauskaninchen. Immerhin können Meerschweinchen und Kaninchen – vor allem letztere – ihre Zähne durchaus so einsetzen, daß ein kleines Tier getötet oder verletzt wird. Streifenhörnchen sind aber so

Überlegungen vor der Anschaffung

flink und vorsichtig, daß sie kaum erwischt werden. Ich drücke mich hier sehr behutsam aus. Sie kennen es sicherlich vom Zirkus, daß dort die unterschiedlichsten Tierarten in ein und demselben Dressurakt vorgeführt werden. Das ist alles möglich, wenn der Dresseur, der Pfleger, seine Schützlinge ständig unter Kontrolle hat und ihr Verhalten genau beurteilen kann. Aber für mich als Autor, der weder Sie noch Ihre Tiere kennt, ist es sehr schwer zu beurteilen, ob sich Ihr Hund, Ihr Meerschweinchen oder Ihr Papagei einem neu hinzugekommenen Streifenhörnchen gegenüber friedlich verhalten wird. Vorsicht ist beim Zugang neuer Hausgenossen immer angebracht. Die Alteingesessenen betrachten das Haus, das Zimmer als ihr Revier, das sie unter Umständen auch gegen Tierarten verteidigen, um die sie sich in der freien Natur überhaupt nicht kümmern würden. Und wenn dann ein Hörnchen beim Freiauslauf plötzlich dem im Körbchen dösenden Hund auf den Rücken springt, wenn es zum Papagei in den Käfig schlüpft, dann mag es schon zu Abwehrbissen kommen. Andererseits sind Streifenhörnchen auch eine Gefahr für sehr kleine Hausgenossen, vor allem für Kleinvögel, denen ein Hörnchen an die Federn gehen könnte, oder die bei seinem Anblick in Panik geraten, weil es etwas Neues, Unbekanntes ist – und natürlich auch ein potentieller Feind. Wolfgang Luther schreibt 1952 in der Zeitschrift für Tierpsychologie über sein zahmes Hörnchen (ein Asiatisches Streifenhörnchen, auch Burunduk genannt), daß es sich anderen Tieren gegenüber sehr friedlich verhielt: »Nachdem es seinen Erdbau im Garten angelegt hatte, versuchten häufig Mäuse in seine Vorratskammern einzudringen. Sie wurden mit Püffen und Bissen vertrieben, aber nicht ernsthaft verletzt. Mit meinen beiden Stubenvögeln, einem Zeisig und einem Sonnenvogel, lebte das Burunduk friedlich zusammen. Der schon recht

alte, ewig um seinen Futternapf besorgte Zeisig ließ sich sogar gelegentlich dazu hinreißen, den frechen Plünderer anzugreifen und zu vertreiben, wobei sein unerwarteter plötzlicher Temperamentsausbruch sogar meistens Erfolg hatte.«
Lassen Sie in jedem Fall den Tieren Zeit, sich auf Abstand kennenzulernen, über die Augen und über die Nasen. Stellen Sie den Streifenhörnchenkäfig zunächst so auf, daß ein Hund nicht an ihn heran kann. Lassen Sie auch zahme Hörnchen in den ersten Tagen nicht aus dem Käfig, wenn noch andere Tiere im Zimmer sind. Und das gilt auch umgekehrt, zum Beispiel für größere Vögel; sie bleiben anfangs besser im Käfig, wenn das Hörnchen Freiauslauf hat. Völlig harmlos als Mitbewohner von Streifenhörnchenräumen und Freikäfigen sind natürlich Schildkröten oder kleinere Amphibien und Reptilien. Eine Boa wiederum sollten Sie fernhalten. Möglicherweise haben Sie ein Aquarium, das Sie dann besser mit einem Gitterrahmen abdecken. Ein Streifenhörnchen fängt zwar keine Fische, aber es könnte ertrinken.

Handzahmes Streifenhörnchen. ▷
Wenn man sich viel und geduldig mit dem Streifenhörnchen beschäftigt, wird es bald zutraulich.

Überlegungen vor der Anschaffung

Wohin mit dem Streifenhörnchen im Urlaub?

Für Ihre Urlaubspläne sind Streifenhörnchen kein größeres Hindernis. Sie können mitgenommen werden, samt dem dazugehörigen Käfig, was in einem Auto meist möglich sein wird. Während der Urlaubswochen kann man die Hörnchen ohne weiteres auch in einem etwas kleineren Käfig halten, falls Ihr »Hauskäfig« für den Transport zu platzraubend ist.

Fahrten ins Ausland

Bei Fahrten ins Ausland brauchen Sie keine besonderen Papiere für das Streifenhörnchen. Erkundigen Sie sich aber vorsichtshalber beim zuständigen Konsulat, denn Bestimmungen werden manchmal geändert. Geht die Reise in den Süden, dann achten Sie darauf, daß die südliche Sonne nicht mit voller Kraft auf den Käfig scheint. Ein Hitzschlag ist dann nicht auszuschließen.

Das Streifenhörnchen bleibt zuhause

Wollen oder können Sie das oder die Streifenhörnchen nicht mit in den Urlaub nehmen, müßten sie jemanden bitten, das Tier oder die Tiere zu versorgen. Da Füttern, Tränken und Saubermachen des Käfigs nicht allzu problematisch sind, wird sich in der Nachbarschaft oder Verwandtschaft leichter jemand finden lassen, als wenn Hund, Katze oder Papagei zu versorgen wären. Im übrigen bieten manche Zoofachgeschäfte, Tierheime und Tierschutzvereine oder auch Privatpersonen ihre Hilfsdienste für Urlaubzeiten an und übernehmen für ein gewisses Entgelt Ihre Pfleglinge. Sie können sogar mit Ihrer »Urlaubsvertretung« eine Art Pflegevertrag abschließen. Im Zoofachhandel bekommen Sie dafür ein Formular, den Heimtier-Pflege-Paß, in dem eingetragen wird, wem Sie das Tier übergeben haben, Art, Geschlecht sowie Name des Tieres, Pensionsdauer und Höhe der Pflegekosten; auch wird geregelt, daß Ihr Tier vom Tierarzt behandelt wird, falls es während Ihrer Abwesenheit erkrankt.

Streifenhörnchen zählen nicht zu den Tieren, die vor Kummer über die Abwesenheit ihres Pflegers krank werden oder eingehen. Wichtig während des Urlaubs ist, daß die Tiere möglichst ihre gewohnte Umgebung und ihr gewohntes Futter haben, aber vor allem zahme Hörnchen stellen sich auch schnell auf eine etwas andere Umgebung ein.

◁ Streifenhörnchen beim Auslauf in der Wohnung. Oben links: Streifenhörnchen sitzen gerne auf erhöhten Aussichtsposten. Oben rechts: Um an die begehrte Walnuß zu gelangen, balanciert das Hörnchen auf den Hinterbeinen. Unten: Streifenhörnchen können sehr gut und zielsicher springen.

Anschaffung und Unterbringung

Wo Sie Streifenhörnchen bekommen

Streifenhörnchen bekommen Sie in Zoofachhandlungen und in den Zoofachabteilungen großer Kaufhäuser. Dort können Sie sich die Tiere selbst ansehen und überprüfen, ob sie gesund sind (→ Woran Sie gesunde Streifenhörnchen erkennen, Seite 12). Die Anschaffung über einen Versandhandel lehne ich aus mehreren Gründen ab. Erstens können Sie nicht wissen, in welchem Zustand die Tiere per Post zu Ihnen ins Haus kommen. Die Hörnchen können schon vor dem Versand in einem schlechten Gesundheitszustand gewesen sein oder auf dem Transport gelitten haben. Zugige

Junge Streifenhörnchen sind etwa mausgroß; sie haben große Augen und einen rundlichen, im Verhältnis zum Körper, großen Kopf.

Bahnhofsfrachthallen, plötzliche Temperaturschwankungen während des Transportes bekommen den Tieren oft schlecht. Wenn Sie dann merken, daß etwas mit dem Hörnchen nicht in Ordnung ist, haben Sie die Mühe der Auseinandersetzung mit dem Versender. Und ein krankes Tier nochmals auf den Weg zu schicken, ist für den Tierfreund keine Lösung. Sie haben auch die Möglichkeit, in einer Tierzeitschrift zu inserieren und nach Züchtern von

Streifenhörnchen zu fragen, zum Beispiel in »Das Tier« oder in der »Geflügel-Börse«, in der nicht nur Geflügel angeboten wird; es lohnt sich in jedem Fall, dort einmal nachzusehen, ob jemand nachgezüchtete Streifenhörnchen anbietet.

Es gibt auch einige Privatleute, die Streifenhörnchen züchten. Kennen Sie einen Züchter, dann empfiehlt es sich unbedingt, bei ihm ein junges Hörnchen zu erstehen, wenn es wieder Nachwuchs gegeben hat. Dieser Fall wird allerdings selten eintreffen.

Streifenhörnchen kosten 40,– bis 45,– Euro, natürlich sind die Preise nicht überall gleich.

Außer den Anschaffungskosten für einen geeigneten Käfig (→ Seite 14) fallen dann aber kaum noch höhere Kosten an, denn das Futter (→ Seite 31) ist nicht teuer.

**Woran Sie gesunde
Streifenhörnchen erkennen**

In der Regel werden Sie Ihr Streifenhörnchen im Zoofachgeschäft kaufen. Und da stehen Sie dann vor einem Terrarium oder einem Käfig und sollen aus der Gruppe meist dicht gedrängt sitzender Streifenhörnchen das richtige herausfinden. Für einen Laien nicht einfach, zugegeben. Ich würde Ihnen immer dazu raten, gleichgültig um welches Tier es sich handelt, sich dieses vor dem Kauf genau anzusehen und sich persönlich von seinem einwandfreien Gesundheitszustand zu überzeugen. Ist man sich selbst dabei nicht sicher, kann man einen erfahrenen Tierhalter oder etwa einen befreundeten Tierarzt hinzuziehen, in gut geführten Zoofachgeschäften wird Sie auch der Verkäufer beraten. Jedenfalls ist es nützlich, wenn Sie selber wissen, worauf man beim Kauf eines Streifenhörnchens achten sollte. Ich kann Ihnen einige Tips geben, welches Tier oder welche Tiere Sie auf keinen Fall kaufen dürfen. Beobachten Sie die

Hörnchen bitte längere Zeit, nicht nur ein paar Minuten, und achten Sie auf die folgenden Dinge:

• Da Streifenhörnchen tagaktive Tiere sind, sollten Sie tagsüber auch einen munteren Eindruck machen. Sie sollten herumlaufen, fressen, ihre Umgebung beobachten. Sitzt ein Tier zusammengekauert oder zusammengerollt in der Ecke, sind seine Flanken eingefallen und ist sein Fell struppig und abstehend, dann stimmt irgend etwas nicht, mit solch einem Tier hätten Sie wahrscheinlich wenig Freude.

• Zeigt das Fell gar kahle Hautstellen, und weist die lange, dichte Behaarung des Schwanzes Lücken auf, ist das Tier möglicherweise krank oder schon sehr alt.

• Auch verklebte Augen lassen auf eine Krankheit (Erkältung) schließen.

• Streifenhörnchen, vor allem wenn mehrere zusammen sind, können auch Bißverletzungen in Form offener Wunden haben. Auch solche Tiere sollten Sie nicht kaufen, da man nie sicher sein kann, ob die Verletzungen nur oberflächlich sind oder vielleicht in kurzer Zeit zum Tode führen. Machen Sie bitte den Verkäufer auf kranke oder verletzte Hörnchen aufmerksam, und sagen Sie ihm, daß er sich um diese Tiere besonders kümmern soll.

• Eine Altersbestimmung ist nicht möglich, wenn Streifenhörnchen einmal ausgewachsen sind. Sehr alte Tiere bekommen ein struppiges Fell und eingefallene Flanken. Junge Tiere sind deutlich kleiner – etwa mausgroß – und haben auch noch ein gewisses »Kindchen-Schema« (rundlicher Kopf und große Augen). Junge Tiere sind beim Kauf älteren auf jeden Fall vorzuziehen.

• Zudem sollten Sie auch auf mögliche Verhaltensstörungen achten. Gerade solche Tiere, die schon lange in der Obhut des Menschen leben und dabei (leider allzu häufig) in zu kleinen Käfigen untergebracht sind, können sich Bewegungsstereotypien angewöhnt haben. Die Hörnchen klettern und laufen dann nicht »wahllos« und munter in ihrem Käfig umher, sondern vollführen immer dieselben Bewegungsabläufe. Zum Beispiel springen sie an den Käfigdeckel und wieder herunter – unentwegt, über lange Zeit; oder sie springen ständig von einer Ecke in die andere. Sie kennen solche gleichförmigen Bewegungsabläufe vielleicht von Zootieren, vom Tiger, der in seinem Käfig dauernd mit gleicher Schrittfolge auf und ab geht, oder von den zeitweilig angeketteten Elefanten, wenn sie ihre Körper hin- und herschwingen. Auch das sind Bewegungsstereotypien, wie sie entstehen können, wenn der Raum für unbehinderte Bewegung zu klein ist.

So erkennen Sie das Geschlecht

Die Geschlechtsbestimmung ist möglich. Dazu muß man aber die Tiere entweder in die Hand nehmen können, oder sie in einem kleinen Drahtkäfig beziehungsweise Glasbehälter von *unten* betrachten. Wenn es Ihnen nicht egal ist, ob Sie ein Männchen oder ein Weibchen bekommen – wissen wollen werden Sie es wohl so oder so –, lassen Sie das Geschlecht durch den

Geschlechtsbestimmung bei Streifenhörnchen: Beim Weibchen (links) liegen After- und Harnöffnung eng beisammen, beim Männchen (rechts) sind sie etwa ½ cm voneinander entfernt.

Zoofachhändler bestimmen. Aber schauen Sie ihm dabei ruhig zu – es ist sicher auch für Sie interessant zu wissen, wie man das Geschlecht beim Streifenhörnchen erkennen kann. Bei Weibchen liegen After- und Harnöffnung dicht beisammen, bei Männchen sind sie etwa ½ cm voneinander getrennt (→ Zeichnung Seite 13). Während der Paarungszeit, also im Frühjahr, kann man außerdem bei den Männchen die dann stark vergrößerten beiden Hoden zwischen den Hinterbeinen sehen.

Der richtige Käfig

Streifenhörnchen benötigen einen ihrem arteigenen Bewegungsdrang angemessenen Käfig, der für ein Tier mindestens 1 m lang, etwa 50 cm tief und mindestens 1 m hoch sein soll. Die Höhe spielt eine wesentliche Rolle, weil Streifenhörnchen sehr gerne aufwärts klettern. Bei paarweiser Haltung sollte der Käfig etwa 2 m lang und 1 m tief sein, damit bei Auseinandersetzungen zumindest eine gewisse Fluchtmöglichkeit für den unterlegenen Partner besteht. Allerdings ist das ziemlich theoretisch, weil eine echte Möglichkeit zum Entkommen im begrenzten Raum nie besteht. Streifenhörnchen besetzen im Freiland Reviere, in denen sie höchstens zur Paarungszeit einen Partner dulden oder die eigenen Jungen bis zu einem bestimmten Alter (→ Seite 42). Hier ist ein Unterlegener dann in Sicherheit, wenn er über die Reviergrenzen hinaus flieht. Das kann er in einem Käfig nicht.

Zwei Wände des Käfigs – die Rückwand und eine Seitenwand – sollten aus Holz sein, das so rauh ist, daß das Hörnchen mit seinen Krallen daran Halt finden und klettern kann. Zwei geschlossene Wände schützen zudem vor Zugluft und lassen die Bewohner nicht völlig »im Freien« sitzen. Für die übrigen Seitenteile und für die Käfigdecke eignet sich Maschendraht

mit einer Maschenweite von 1,5 cm, damit auch Jungtiere nicht durchschlüpfen können. Eine herausziehbare Lade, wie sie auch bei Vogelkäfigen zu finden ist, eignet sich als Käfigboden am besten. Damit läßt sich eine Säuberung des Bodens leicht vornehmen. Ist der Schubladenspalt bei herausgezogener Lade nicht höher als 2 cm, können die Tiere während der Reinigung nicht entkommen, jedenfalls ausgewachsene nicht, sonst sollte man darauf achten, daß die Öffnung mit einer Klappe zu verschließen ist.

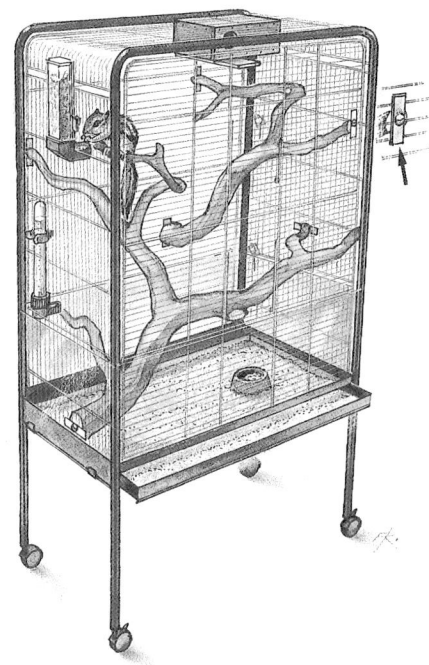

Käfig für *ein* Streifenhörnchen (Modell Wagner & Keller), eingerichtet mit Naturästen, Schlafhäuschen sowie Futter- und Wasserautomaten. Detailzeichnung: So werden die Äste mit Hilfe einer rechteckigen Unterlegscheibe und einer Schraube befestigt.

Will oder kann man die Behausung für das Streifenhörnchen nicht selber bauen, muß man sich im Zoofachhandel oder in den Zoofachabteilungen großer Kaufhäuser nach einer Voliere umschauen, die für eine Vogelgesellschaft gedacht ist, denn nur solche »Flugkäfige« haben die richtigen Ausmaße für Streifenhörnchen (→ Zeichnung Seite 14).

Achten Sie bei der Auswahl aber unbedingt auf die Maschenweite, sie darf – wie gesagt – nicht mehr als 1,5 cm betragen. *Ein* Streifenhörnchen kommt mit dem auf Seite 14 abgebildeten Großkäfig ganz gut zurecht, wenn Sie ihm regelmäßig freien Auslauf im Zimmer gewähren. Besser wäre natürlich eine Behausung mit den Maßen 83 x 51 x 173 cm; sie wird im Zoofachhandel als Großvoliere für kleine und große Vögel angeboten und ist auch für Streifenhörnchen geeignet, da die Maschenweite 14 mm beträgt.

Die meisten der im Zoofachhandel angebotenen Großvolieren sind rundum offen oder haben nur eine Wand aus Holz (die Rückwand). Man kann sich hier aber ohne großen finanziellen Aufwand eine dünne Holzwand oder deren zwei anfertigen lassen, die man von außen am Käfigdraht befestigt.

Stellen Sie den Käfig an einen zugfreien, hellen, aber nicht ständig der Sonneneinstrahlung ausgesetzten Platz in der Wohnung (das Hörnchen muß sich immer in eine Schattenecke zurückziehen können!). Keinesfalls sollte der Käfig neben dem Fernsehgerät stehen.

Noch ein Wort zu den kleineren, als »Streifenhörnchenheime« angebotenen Käfigen: Diese Käfige eignen sich sehr gut für den Transport zum Tierarzt, für die Fahrt in den Urlaub oder als »Krankenkäfig« (wenn man mehrere Tiere hat und ein erkranktes isolieren muß), nicht aber als ständige Unterkunft für die lebhaften und kletterfreudigen Hörnchen.

Über Verhaltensstörungen durch zu kleine Käfige habe ich schon auf Seite 13 gesprochen.

Verhaltensforscher bezeichnen diese Verhaltensstörungen auch als »Käfigblödheit«, ein sehr krasser, aber doch sehr bildhafter Ausdruck, der einen Tierfreund schon veranlassen sollte, beim Käfigkauf (oder beim Selberbauen) dem Tier zuliebe nach dem Motto zu verfahren »ein Käfig kann nie zu groß sein, schnell aber zu klein«.

Streifenhörnchen-Käfig zum Selberbauen

Ausreichend große Käfige für Streifenhörnchen sind leider eine teure Angelegenheit, wenn man sie fertig kauft. Das Argument »mein Hörnchen darf den ganzen Tag frei im Zimmer laufen, da genügt ein kleiner Käfig« ist erfahrungsgemäß in der Praxis schnell widerlegt. Viele Stunden verbringt das Tier in seinem Käfig, denn nur wenige Menschen haben so viel Zeit, um das Tier den ganzen Tag beim Freilauf zu beaufsichtigen.

Die preiswerteste Lösung für die artgerechte Unterbringung eines Streifenhörnchens ist natürlich, wenn Sie selbst zu Holz, Nägeln und Hammer greifen. Im Gegensatz zu anderen kleinen Nagetieren neigen Streifenhörnchen kaum zum Benagen von hölzernen Käfigteilen, so daß man die Rahmenkonstruktion des Käfigs aus Holzlatten und -platten bauen kann (→ Zeichnung Seite 16). Es besteht keine Gefahr, daß die Tiere sich eines Tages einen Weg nach draußen bahnen.

Die Rahmen werden mit einem Maschendrahtgeflecht bespannt (punktgeschweißtes, verzinktes Viereckgitter oder kunststoffummanteltes Drahtgeflecht, Maschenweite nicht mehr als 1,5 cm). Wenn Ihnen das Aufnageln der Maschendrahtbahnen mit Krampen (Schlaufennägeln) oder Scheibenkopfnägeln zu mühselig erscheint, erkundigen Sie sich in einem Heimwerker-Markt, ob Sie dort eine Heftpistole (Takker) ausleihen können. Fragen Sie nach einem

Tacker, der auch kräftigere Klammern (6 bis 14 mm) bewältigt, die einfachen (für Dekorationszwecke oder zum Befestigen von Polsterbezügen) eignen sich nicht.

Auf den Einbau einer Tür sollten Sie nicht verzichten, sonst müßten Sie beim Auswechseln der Äste jedes Mal eine Käfigwand abschrauben. Nützlich ist auch eine Futterklappe, das Hörnchen kann dann nicht entwischen, wenn Sie die Futter und Wassergefäße auf ein Futterbrett stellen oder am Käfiggitter befestigen.

Holzplatten und bespannte Rahmen lassen sich mit einfachen Winkeleisen problemlos zusammenschrauben. »Fortgeschrittene« Bastler wählen vielleicht fachmännischere Eckverbindungen mit Falz, Zapfen, Zargen oder Gehrung – die Winkeleisen tun es aber auch.

Bei der Auswahl des Holzes können Sie sich nach Ihrem Geldbeutel, Ihrem Geschmack oder Ihrer Wohnungseinrichtung richten. Ob Sie furniertes oder echtes Holz verwenden, das Holz (außen!) lasieren oder anstreichen, ist für das Hörnchen nicht wichtig, nur die Innenseiten einer Seiten- und der Rückwand müssen so rauh sein, daß das Tier Halt findet. (Verwenden sie allerdings kein mit Formaldehyd getränktes Holz!)

Für die Schublade verwenden Sie am besten kunststoffbeschichtete Platten, sie lassen sich leichter reinigen als Holz. Praktisch sind auch Kunststoffwannen (Bodenwannen für große Vogelkäfige), die im Zoofachhandel angeboten werden.

Bitten Sie den Zoofachhändler um Einblick in den Herstellerkatalog für Käfige und Volieren; daraus können Sie die passende Größe wählen – für eine Käfiglänge von 1 m brauchen Sie zwei Schalen, die nebeneinander gestellt werden. Ganz wichtig: Kaufen Sie die Kunststoffwannen, *bevor* Sie mit dem Käfigbau beginnen, denn nach deren Größe richten sich die endgültigen Käfigmaße.

In jedem Fall sollte die Schubladenöffnung mit einer Klappe zu verschließen sein (→ Zeichnung links), damit sich das Hörnchen beim Reinigen der Schublade (oder Wanne) nicht selbst Freiauslauf gewährt.

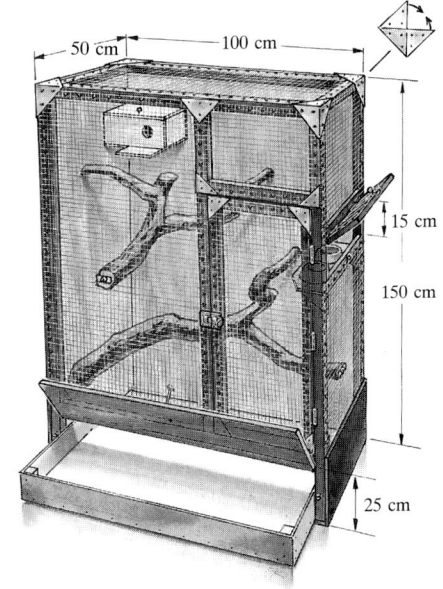

Selbstgebauter Streifenhörnchen-Käfig aus Holz und Maschendraht mit Bodenschublade, Tür und Futterklappe. Eine verhältnismäßig leichte Holzkonstruktion (3×3 cm-Latten) kann mit selbstgefertigten Winkeln aus Alublech (Stärke: 1,0 bis 1,5 mm; → Detailzeichnung) stabilisiert werden.

Die Käfigeinrichtung

Als Inneneinrichtung brauchen die Hörnchen eine Anzahl rauhrindiger Äste, auf denen sie klettern können. Zum Anbringen der Naturäste am Gitter gibt es im Zoofachhandel spezielle Halterungen. Die Äste lassen sich auch zwischen die Gittermaschen klemmen. Wichtig für ein Streifenhörnchen ist ein Schlafhäuschen. Zu empfehlen sind die querformatigen Holznistkästen mit aufklappbarem Deckel, wie sie im Zoofachhandel für einige Vogelarten angeboten werden (zum Beispiel in der Größe: 14 cm hoch, 17 cm tief und 25 cm lang, → Zeichnung Seite 19). Wählen Sie nur ein Kästchen aus Holz, nicht aus Plastik. Die Plastikhäuschen sind nicht »atmungsaktiv« und isolieren schlecht. Die Tiere fühlen sich auch einfach wohler in einem Bau, der den natürlichen Bedingungen eher entspricht.

Das Kästchen muß ein der Hörnchengröße entsprechendes Einschlupfloch haben: etwa 2,5 bis 3 cm Durchmesser. Baut man das Schlafkästchen selbst, kann man es mit abnehmbarer Rückwand *oder* aufklappbarem Deckel versehen. Jedenfalls sollte es leicht zu öffnen sein, damit man im Inneren ab und zu sauber machen kann. Bauen oder kaufen Sie ein quadratisches Häuschen, dann darf der Innenraum nicht kleiner sein als 15 x 15 x 15 cm, damit neben dem Hörnchen Platz für Nestmaterial bleibt.

Ob Sie das Schlafkästchen oben im Käfig unter die Decke hängen – was ich empfehlen würde, weil es hier nicht so schnell mit Bodenstreu, Futterresten und Kot verschmutzt wird – oder im unteren Bereich anbringen beziehungsweise aufstellen, ist letztlich dem Hörnchen egal. Es wird von Streifenhörnchen auf jeden Fall gerne angenommen. In die Nähe des Einschlupfloches soll ein Ast führen, über den das Streifenhörnchen seinen Schlafkasten erreicht. Die Tiere sind allerdings so geschickte Kletterer

und Springer, daß sie auch ohne Ast irgendwie zu ihrem Versteck gelangen.

Sind zwei Hörnchen für einen Käfig geplant, dann müssen mindestens zwei Schlafkästchen vorhanden sein, denn die beiden werden in der Regel getrennte Kästen beziehen – besser noch sind drei oder vier zur Auswahl.

Als Nestmaterial zur Auspolsterung des Schlafkästchens nimmt man trockenes Heu, weiche Holzwolle oder zerschnipselte Stoffreste. Der Stoff muß aber so klein geschnitten werden, daß sich keine langen Fäden bilden, in die sich die Tiere verwickeln könnten. Das Nestmaterial geben Sie entweder ins Kästchen oder streuen es auf den Boden, damit die Hörnchen es nach eigenem Ermessen eintragen, was sie gerne tun.

Zur Ausstattung vieler Käfige für Mäuse, Hörnchen oder Goldhamster gehört ein Laufrad. Ich rate Ihnen ab, Ihrem Hörnchen dieses »Spielzeug« zu geben, aus einem ganz einfachen Grund: Tatsächlich werden Laufräder gerne angenommen, weil die Tiere darin ihren großen Bewegungsdrang abreagieren können. Aber sie tun dabei sehr schnell des Guten zuviel und machen nichts anderes, als den ganzen Tag wie verrückt im Kreis zu rennen.

Bei Versuchen mit Waldmäusen, denen man Laufräder in kleine Käfige stellte, kam heraus, daß sie in einer Nacht bis zu 25 Kilometer darin rennen, weit mehr, als sie sich in der Natur bewegen. Offenbar geht von einem Laufrad, das mit relativ geringem Energieaufwand in Bewegung gesetzt und weiter betrieben werden kann, eine richtige Faszination aus, der die Kleinsäuger regelrecht verfallen und die sie auf irgend eine Art geradezu süchtig macht.

Wenn sein Käfig groß genug ist, wird das Streifenhörnchen auch ohne Rad genügend Bewegung haben können und verfällt nicht in ein monotones Radlaufen, bei dem von der natürlichen eleganten Bewegungsweise nichts mehr übrigbleibt.

Futter- und Wassergefäße

Futter- und Wassernapf dürfen natürlich nicht fehlen. Der Futternapf sollte nicht zu flach sein (→ Zeichnung unten), damit nicht gleich alles rausgeworfen werden kann. Aber da Streifenhörnchen sowieso das Futter in ihren Backentaschen an einen Vorratsplatz transportieren, ist das auch nicht so wichtig. Das Trinkgefäß muß so angebracht werden, daß es nicht leicht verschmutzt, also etwas erhöht an einer Wand auf einem Brettchen oder ans Gitter eingehängt. Als Gefäße für Futter und Wasser eignen sich alle im Zoofachhandel erhältlichen Näpfe – zum Aufstellen oder Einhängen –, die man für größere Vögel verwendet. Günstig sind auch die Futter- und Tränkautomaten (→ Zeichnung Seite 32), das sind geschlossene Behälter, bei denen unten immer nur das nachrutscht, was tatsächlich entnommen wird. Vor allem das Trinkwasser ist damit am besten vor Verschmutzung geschützt.

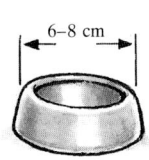 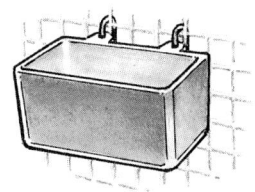

6–8 cm

Futtergefäße müssen standfest oder am Käfiggitter befestigt sein, damit sie nicht umkippen; links ein Futternapf aus Keramik, rechts ein Plastiknapf zum Einhängen ins Gitter.

Die Einstreu

Als Einstreu für die Bodenfläche verwenden Sie bitte keinen Sand. Der ist zu scharf für die kleinen Pfötchen der Hörnchen. Entweder benützen Sie eine im Zoofachhandel für kleine Säugetiere erhältliche Streu, oder Sie streuen einfach Torf ein oder frische Gartenerde – die Einstreu soll den gesamten Käfigboden bedecken. Die Hörnchen nehmen nämlich sehr gerne von Zeit zu Zeit ein Erdbad, indem sie ihren Körper regelrecht auf der etwas feuchten Erde hin- und herschieben, sich darin aalen und strecken.

Wenn Sie Kleinsäuger-Streu oder Torf als Einstreu verwenden, können Sie ein kleines Holzkistchen – etwa in der Größe einer Zigarrenkiste – mit frischer Gartenerde füllen und auf den Käfigboden stellen. Allerdings wird das Hörnchen die Erde bald herausgegraben haben. Aber frische Erde können Sie in einem Plastikbeutel von jedem Spaziergang aus dem Wald (nicht von Äckern: Ackererde ist voller Pestizide) mitbringen – man braucht ja nicht viel. Frische Erde gibt es aber auch preisgünstig in Gärtnereien.

Ein Hörnchen, das lange Zeit nicht in den Genuß eines Erdbades gekommen ist, wird bei der ersten sich bietenden Gelegenheit sofort damit anfangen. Die Angelegenheit dient dem allgemeinen Wohlbefinden und vor allem der Fellpflege.

Der Gartenkäfig

Nun können Sie unter bestimmten Voraussetzungen Streifenhörnchen auch im Freien halten, sogar das ganze Jahr über. In ihrer Heimat halten diese Nager während der kalten Jahreszeit eine Winterruhe, aus der sie nur gelegentlich erwachen, um von den Nahrungsvorräten zu fressen (→ Der Winterschlaf, Seite 49). Sie überwintern auf diese Art auch bei uns in einem Gartenkäfig. (In einer geheizten Wohnung halten Streifenhörnchen keinen Winterschlaf, sie werden höchstens etwas lethargischer als sonst.) Allerdings ist nicht auszuschließen, daß bei lang ahhaltendem Frost die Tiere erfrieren, deshalb sind einige Vorsichtsmaßnahmen notwendig.

Ein Käfig im Freien muß größer sein als ein Zimmerkäfig. Ich habe Streifenhörnchen viele Jahre das ganze Jahr über in einem Käfig mit den Maßen 80 x 80 x 200 cm gehalten, aber er darf ruhig noch größer sein. Auf jeden Fall muß für einen trockenen, absolut regengeschützten Teil des Käfigs gesorgt werden, für Windschutz

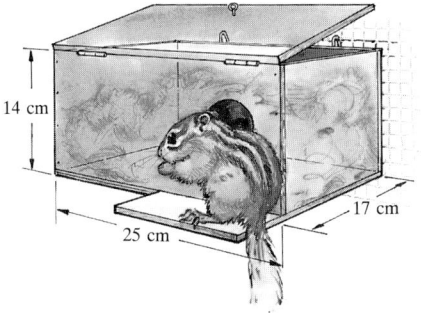

14 cm

17 cm

25 cm

Ein Schlafhäuschen mit aufklappbarem Dach und ausreichendes Nestmaterial gehören in jeden Streifenhörnchenkäfig. Das Brettchen vor dem Einstiegloch erleichtert dem Hörnchen das Hineinschlüpfen. Brett und Boden sind aus einem Stück.

mindestens in einer Ecke und für ausbruchssichere Verarbeitung. Streifenhörnchen graben ihre Gänge und Baue in den Boden, wenngleich sie auch im Freikäfig hochhängende Schlafkästchen annehmen, vor allem im Sommer.

Ist das Drahtgeflecht nicht tief genug ins Erdreich eingelassen, oder es befindet sich unter dem natürlichen Bodenbelag keine undurchdringliche Schicht, dann finden die Hörnchen recht schnell einen Weg in die Freiheit.

Am besten baut man einen Freikäfig an eine Seite des Hauses an, so, daß man vom Fenster oder Freisitz aus die Tiere beobachten kann,

überdacht die hausnahe Seite und baut ein Fundament aus Zement, das aber so tief angelegt werden muß, daß darüber noch eine natürliche Bodenbedeckung von mindestens 70 cm Platz hat. Am besten ist es, wenn das Fundament bis unter die Frostgrenze reicht (80 bis 100 cm tief). Falls die Hörnchen Winterbaue anlegen, müssen die Wohnkammern so tief liegen, daß der Frost sie nicht erreicht. Man kann hier noch zusätzliche Sicherungen anbringen und, nachdem die Hörnchen sich zur Winterruhe zurückgezogen haben, über den Bau eine dicke Lage Laub legen, die den Bodenfrost zurückhält.

Die Winterbaue werden von den Streifenhörnchen mit allerlei Nestmaterial wie Heu, Laub, Moos oder Papierfetzchen warm ausgestattet. Solcherlei muß reichlich zur Auswahl im Käfig zu finden sein. Hochhängende Schlafkästen sind in strengen Wintern nicht frostsicher und werden von den Hörnchen als Winterquartier meist gar nicht erst angenommen. Sehr günstig ist es, wenn man den Freikäfig mit einem frostfreien Innenraum des Wohnhauses verbinden kann, wozu bereits eine kleine Luke, ein spaltbreit offenstehendes Fenster oder ein Mauerloch – gerade groß genug zum Durchschlüpfen – ausreichen. Der Innenraum darf allerdings tagsüber nicht völlig dunkel sein.

Genaue Anleitungen für die Planung und den Bau eines Gartenkäfigs finden Sie in der einschlägigen Fachliteratur (→ Bücher, die weiterhelfen, Seite 56). Zwar sind diese Bücher für den Vogelhalter gedacht, die Bauanleitungen eignen sich aber auch für einen Streifenhörnchen-Gartenkäfig, wenn man die oben aufgeführten Ratschläge berücksichtigt. Denken Sie vor allem bei der Vergitterung an die Maschenweite des Drahtgeflechts: nicht mehr als 1,5 cm! Eingerichtet wird der Gartenkäfig genauso wie der Zimmerkäfig, mit rauhrindigen Ästen zum Klettern, mehreren Schlafkästchen (bei zwei oder mehr Tieren, → Seite 17) und Futter- und Wassergefäßen.

Haltung und Pflege

Heimtransport und Eingewöhnung

Wenn Sie sich zum Kauf eines Streifenhörnchens entschlossen haben, so wird Ihnen der Zoofachhändler das Tier in der Regel in einem kleinen Karton mit auf den Weg geben. Haben Sie nur eine kurze Strecke zwischen Zoofachhandlung und Zuhause zurückzulegen, so ist dagegen nichts einzuwenden. Ist Ihr Heimweg länger, dann sollten Sie aber doch ein etwas sichereres Transportkästchen aus Holz oder Draht mitbringen. Denn wenn Streifenhörnchen auch nicht zum Nagen zwecks Ausbruch neigen, so mögen doch die ungewohnte Enge und das leichte Pappmaterial sie dazu verführen, ihre Zähne einzusetzen.
Entweicht Ihnen das Hörnchen im Auto, dann haben Sie höchstens das Problem des Wiedereinfangens. Entwischt es Ihnen in Straßenbahn oder Autobus, so müssen Sie zumindest mit einer kleinen Panik unter den Fahrgästen rechnen. Also, kurz gesagt, ein ausbruchssicherer Transportbehälter empfiehlt sich.
Zu Hause angekommen – wo der Käfig fix und fertig eingerichtet bereitstehen sollte –, öffnen Sie die kleine Käfigtür, bringen den Transportbehälter so vor das Türchen, daß möglichst wenig Lücken oben, unten, rechts oder links bleiben, und lassen das Hörnchen in den Käfig schlüpfen.
Sie können auch den Transportbehälter in den Käfig stellen, aufmachen und schnell die Käfigtür schließen. Herausholen läßt sich der Transportbehälter dann leicht nachts, wenn das Hörnchen schläft.
Falls Sie kein *Jungtier* erworben haben, werden Sie schon am ersten Tag feststellen, ob Ihr Hörnchen vertraut ist oder scheu. Jungtiere sind nämlich erstaunlich wenig ängstlich oder gar handscheu und lassen sich ohne weiteres in die Hand nehmen (→ Seite 42).
Ein scheues Hörnchen wird ziemlich blitzartig in seinem Schlafhäuschen verschwinden und fürs erste darin bleiben. Ein vertrautes wird sein neues Zuhause interessiert betrachten, schnuppernd und schwanzwedelnd (→ Seite 21) auf Entdeckungsreise gehen. Es wird auch bald fressen und sich im übrigen so benehmen, als wäre es schon immer hier gewesen. Als Nasentiere, die sich hauptsächlich über den Geruchssinn orientieren (wenn sie auch gut sehen und hören können), reagieren Kleinsäuger auf eine veränderte Umgebung meist längst nicht so nervös wie etwa Vögel.

Streifenhörnchen richtig in der Hand halten

Ein Streifenhörnchen braucht keine lange Eingewöhnungszeit. Sie können also schon am zweiten Tag nach seiner Ankunft damit beginnen, Ihr Hörnchen mit Ihnen vertraut zu machen. Beim Zähmen eines Streifenhörnchens spielt Ihre Hand eine große Rolle, das Tier soll darauf sitzen, Leckerbissen daraus nehmen und sich keinesfalls vor ihr fürchten. Für den Umgang mit Ihrem Hörnchen ist es also sehr wichtig, daß Sie von Anfang an wissen, wie Sie es richtig anfassen, in der Hand halten und ohne kräftiges Zupacken in seinen Käfig zurückbringen.
Streifenhörnchen mögen es nicht, wenn man sie richtig festhält. Das können Sie sich nur bei völlig zahmen Tieren erlauben, die auch dann nicht zubeißen werden. Ein Festhalten ist aber auch gar nicht notwendig. Streifenhörnchen halten sich sehr geschickt von alleine an einer Hand fest, turnen auf ihr herum, und fallen sowieso nicht herunter. Sie müßten das Hörnchen schon wegschleudern, um es loszuwerden – was Sie natürlich niemals tun sollten.
Bei allem In-die-Hand-Nehmen müssen Sie hastige, fahrige Bewegungen möglichst vermeiden und natürlich festes Zugreifen. Da Jungtiere in

der Regel keinerlei Fluchtversuche machen, ist festes Zupacken überhaupt nicht notwendig. An dieser Stelle noch ein wichtiger Hinweis, den Sie unbedingt beachten sollten: Fassen Sie ein Streifenhörnchen niemals am Schwanz an! (Und andere kleine Nager oder Säuger auch nicht.) Die Schwanzhaut sitzt nämlich sehr locker über der Schwanzwirbelsäule, ist dünn und reißt sehr leicht. Nicht nur bei scheuen und sich

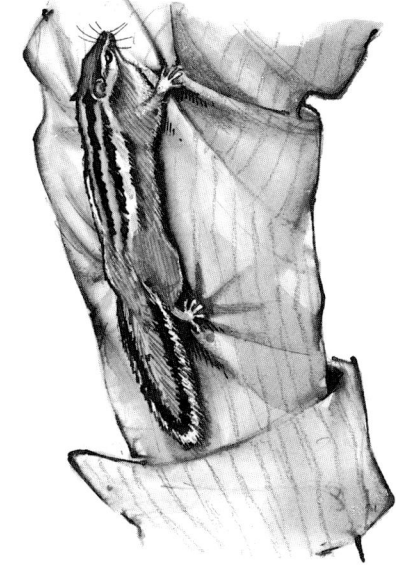

Streifenhörnchen sind gewandte Kletterkünstler; sie klettern sogar am Hemdärmel des senkrecht gehaltenen Arms hoch.

wehrenden Tieren passiert es dann sehr schnell, daß Sie plötzlich die Schwanzhaut in den Fingern haben, und das Tier mit nacktem Schwanz das Weite sucht. Die nackte Schwanzwirbelsäule trocknet ein, fällt ab oder wird abgebissen – übrig bleibt ein Stumpf. Zwar geht ihm das

nicht unbedingt ans Leben, aber zum einen sieht es unschön aus, zum anderen fehlt ihm der Schwanz als wichtiges Steuer- und Balanceorgan beim Springen und Klettern. Also: Wenn Sie ein Streifenhörnchen in die Hand nehmen, dann immer »als Ganzes« und immer über seinen Körper greifend.

Bei scheuen Hörnchen sollten Sie ein Anfassen in Form von Zupacken grundsätzlich meiden, das fördert eher die Scheuheit als das Gegenteil. Vor allem bei Wildfängen, also Hörnchen, die nicht aus einer Zucht stammen, sondern in Freiheit lebten, sitzt der Schreck des Gegriffenwerdens beim Einfangen nachhaltig fest. Nur mit viel Geduld können Sie diese Tiere »überzeugen«, daß von Ihrer Hand keine Gefahr droht (→ Seite 22).

Ein Streifenhörnchen, das aus seinem Käfig ins Zimmer entwischt ist, wird über kurz oder lang von alleine in seine Behausung zurückkehren, soweit ihm dies möglich ist. Ich meine damit, daß es natürlich auf den Tisch oder ein anderes Möbel, auf dem sein Käfig steht, hinaufkommen können muß. Sie sollten da Hilfestellung geben, indem Sie einen Ast oder einen Besenstiel schräg anlegen und, wenn das Hörnchen sich im Raum noch nicht auskennt, diesen mit ein wenig Obstsaft oder Marmelade betupfen. Beim Ablecken solcher Nascherein wird das Hörnchen dann seinen Weg nach oben finden. »Schleckermäulchen« und neugierig sind sie alle und wollen alles untersuchen. Handzahme Hörnchen lassen sich ohne Probleme vom Pfleger in den Käfig zurückbringen.

So werden junge Streifenhörnchen zahm

Ein Streifenhörnchen ist erst wirklich zahm und vertraut, wenn Sie es in die Hand nehmen können, ohne daß es sich wehrt oder gar beißt. Diese Handzahmheit erreichen Sie bei Jungtieren ohne Schwierigkeit, wenn Sie die Hörnchen im Alter von etwa 30 Tagen bekommen oder bei Nachzuchten dem Nest und damit der mütterlichen Obhut entnehmen. Die Tiere sind dann in einem Alter, in dem sie noch bei der Mutter Milch saugen würden und diese Milch anderer, vor allem harter Nahrung vorziehen. Ein so junges Hörnchen müssen Sie noch etwa drei Wochen lang vorwiegend mit Milch ernähren (→ Entwicklung der Jungen, Seite 42). Als »Kunstmilch« eignen sich die verschiedenen Sorten von Babynahrung oder auch Dosenmilch mit einem Fettgehalt von 7,5% (1:1 mit Wasser oder Haferschleim verdünnt). Man kann diese Nahrung dem jungen Streifenhörnchen entweder mittels einer kleinen Puppenflasche mit entsprechend kleinem Gummisauger anbieten oder in einem flachen Schälchen. Besser ist die Flasche, weil Sie dann als Pflegemutter direkt bei diesem Vorgang beteiligt sind. Zur Fütterung nehmen Sie das kleine Hörnchen in die eine Hand; mit der anderen geben Sie ihm die Flasche. Anfangs wird es über den neuen Geruch und die ungewohnte Form der »Zitze« etwas erstaunt sein und unter Umständen nicht sofort mit dem Saugen beginnen. Sobald Hunger und Durst die Oberhand gewinnen, wird es den Sauger annehmen, damit ist der Bann gebrochen. Zwingen Sie dem Hörnchen nie mehr Milch auf, als es freiwillig und mit Behagen trinkt. Bieten Sie ihm zusätzlich im Käfig andere weiche Nahrung wie Banane, Pflaume, weiche Äpfel und Haferflocken. Sämereien nehmen die kleinen Hörnchen in diesem Alter noch nicht gerne an, das Öffnen ist ihnen noch zu mühsam. (Erst im Alter von etwa 50 Tagen kann man sie langsam an feste Nahrung gewöhnen.)

Ein so junges Tier schläft sehr viel. Es verbringt die meiste Zeit, auch am Tage, in seinem Nest. Sie können das Vertrautwerden mit Ihnen weiter unterstützen, indem Sie das Kleine möglichst oft in Ihren Händen halten oder es in eine Ihrer Rocktaschen schlüpfen lassen. Dort ist es

warm und geschützt, und Ihre persönliche Duftnote geht dabei dem Hörnchen in die Nase. Die Wärme und der ihm bald vertraute Geruch vermittelt ihm das Gefühl der Geborgenheit.

Mehr braucht man nicht zu tun, um ein Jungtier zahm zu machen. Es wird diese Zahmheit dann zeitlebens behalten, falls Sie es nicht durch unbedachte Handlungen verschrecken, ängstigen oder ihm gar Schmerzen zufügen.

Auch etwas ältere Hörnchen – bis etwa zu einem Alter von zwei Monaten – lassen sich auf die geschilderte Weise noch problemlos handzahm machen, weil sie dann immer noch gerne Milch annehmen und aus dem Kindesalter noch nicht so ganz heraus sind.

Noch ein Tip: Unabhängig davon, ob Sie ein Jungtier oder ein älteres Tier gekauft haben, sollten Sie Ihr Hörnchen von Anfang an mit einem bestimmten »Rufzeichen« vertraut machen: Wenn Sie sich mit dem Tier beschäftigen, es füttern oder ihm einen Leckerbissen reichen, nennen Sie es stets bei seinem Namen; Sie können auch einen bestimmten Pfiff oder Laut äußern. So wird das Hörnchen lernen, daß mit diesem »Ruf« (Name, Pfiff, Laut) etwas Angenehmes verbunden ist, und es kommt dann auch beim Freiauslauf (in der Wohnung oder im Garten, → Seite 25) auf »Zuruf« zu Ihnen zurück.

Wie man erwachsene Streifenhörnchen handzahm macht

Bei älteren, schon selbständigen Streifenhörnchen und vor allem bei Tieren, die schon über ein halbes Jahr alt sind, geht es mit dem Zahmwerden nicht ganz so glatt und einfach wie bei den jungen. Da müssen Sie dann mit ein paar Tricks arbeiten, die, wie die Liebe bekanntlich auch, »durch den Magen gehen«.

Man muß zwischen scheu und scheu einen Unterschied machen: Da gibt es einmal die Hörnchen, die, wenn sie bei Ihnen zu Hause angelangt sind, nicht ruckzuck im Schlafkästchen verschwinden und sich kaum blicken lassen, aber für die Sie und das neue Heim einfach noch unbekannt sind. Diese Hörnchen verhalten sich nicht so unbefangen wie die auf Seite 21 beschriebenen Jungtiere. Wenn sie jedoch tagsüber im Käfig herumturnen und fressen, ohne sich durch Ihre Anwesenheit stören zu lassen, haben Sie mit dem Vertrautwerden wenig Probleme. Schwieriger wird es mit den besonders scheuen, verschreckten Hörnchen – doch davon auf Seite 24. Bleiben wir zunächst bei den weniger scheuen.

Streifenhörnchen haben große, bis zum Hinterkopf reichende Backentaschen, in denen sie Futter transportieren, um es im Schlafhäuschen zu verstecken oder im Boden zu vergraben.

Sie müssen das Hörnchen erst an Ihre Hand und damit auch an Ihren Geruch gewöhnen. Wenn ich hier ab und zu von Ihrem Geruch schreibe, meine ich beileibe nichts Unangenehmes. Aber jeder Mensch hat nun einmal seinen Eigengeruch oder Eigenduft, sonst hätte zum Beispiel jeder Hund Schwierigkeiten, seinen Herrn zu erkennen, wenn er ihn nicht sehen kann.

Diese Gewöhnung an Sie geht am schnellsten über Leckerbissen, die Sie dem Hörnchen nicht im Futternapf anbieten, sondern aus Ihrer Hand. Zu solchen Leckerbissen zählen Mehlwürmer, Obststückchen oder geschälte Nüsse. Im Futternapf dürfen dann also zunächst nur Sonnenblumensamen, Hanf und ähnliche »Allerweltsnahrung« sein – und dies alles sparsam. Lassen Sie das Hörnchen in den ersten Tagen der Eingewöhnung ruhig etwas hungrig werden. Dann halten Sie ihm von außen einen Leckerbissen an die Gitterstäbe, locken Sie es mit seinem Namen, einem Pfiff oder Laut, und es wird rasch herbeikommen, um sich etwas von dem begehrten Futter zu holen. Nun geben Sie ihm aber nicht den ganzen guten Brocken, sondern halten ihn fest, damit es unmittelbar von und vor Ihren Fingern davon knabbern muß. Das wiederholen Sie mehrmals täglich, bis Sie schließlich Ihre Hand mit dem Leckerbissen durch das geöffnete kleine Türchen auch in den Käfig hineinstrecken können.

Dabei wird es jetzt nicht ausbleiben, daß das Hörnchen beim Fressen aus Ihrer Hand sich mit seinen Vorderpfötchen an Ihren Fingern abstützt. Der nächste Schritt ist dann das Klettern und Sitzen auf Ihrer Hand, wenn Sie nur den Futterbrocken fest genug halten. Keine Angst bitte, daß Sie gebissen werden könnten. Um ein Streifenhörnchen zum Beißen zu bringen, muß man schon sehr unsanft mit ihm umgehen. Streifenhörnchen sind neugierig. Wenn das Tier erst einmal die Scheu vor Ihrer Hand verloren hat, wird es bald auf Erkundungsreisen am Rest Ihres Körpers gehen. Da es gerne klettert, in einer normalen Wohnung üblicherweise aber keine Bäume stehen, benutzt es Ihren Körper als Baumersatz. Halten Sie dann zunächst ganz still, bleiben Sie stehen oder sitzen, wo Sie sind. Und jetzt und von da an Vorsicht! Streifenhörnchen sind leicht und behende. Wenn eines an Ihnen klettert und herumturnt, wissen Sie meist nicht genau, wo es gerade ist. Ein falscher Schritt, eine falsche Bewegung oder ein plötzliches Hinsetzen kann zur Folge haben, daß Sie das Hörnchen einklemmen oder gar zerquetschen. Darauf gehe ich im Kapitel »Gefahren« näher ein (→ Seite 26 und Seite 30).

Wie besonders scheue Streifenhörnchen vertraut werden

Viel Geduld und Ausdauer müssen Sie mit den Problemhörnchen haben, also den besonders scheuen, nervösen, verschreckten. Es gibt sie merkwürdigerweise heute häufiger als früher.

Als die Streifenhörnchen »in Mode« kamen, machte man beim Kauf selten einen wirklichen Fehlgriff. Die Tiere wurden fast immer über kurz oder lang zutraulich, wenn sie sich erst einmal in der neuen Umgebung eingewöhnt hatten. Ich konnte das über lange Zeit beobachten, denn meine ersten Streifenhörnchen bekam ich 1964. In den letzten Jahren haben die Scheuen zugenommen, ohne daß ich sagen könnte, warum und wieso. Ich halte in der Lebendabteilung unseres Naturhistorischen Museums in Braunschweig schon seit vielen Jahren Streifenhörnchen. Früher, auch wenn wir neue Tiere anschaffen mußten, waren diese immer tagsüber munter und bald so vertraut, daß sie den Kindern und anderen Besuchern durch das Gitter aus der Hand fraßen. Auch kam es immer wieder zu Nachzuchten. Dann plötzlich verschwanden neugekaufte Hörnchen nur noch in ihren Schlafkästchen und blieben scheu, trauten sich höchstens heraus, wenn keine Besucher im Hause waren, und dabei blieb es dann.

Nun kann man sich mit einem einzelnen Streifenhörnchen in der Wohnung intensiver beschäftigen als mit Schautieren im Museum. Wie bei den weniger scheuen Hörnchen ist auch hier die erste Regel: Versuchen Sie über Hunger und Leckerbissen ein scheues Tier zum Verlassen seines Schlafkästchens zu bewegen. Sie können dabei etwas nachhelfen: Wenn Sie merken, daß ein Hörnchen absolut nicht herauskommen will, nehmen Sie ihm das Schlafhäuschen weg. Dann muß es draußen bleiben, es wird sich vermutlich in einer Ecke des Käfigs ein Notnest bauen, aber es kann den Aktivitäten in seiner Umgebung nicht entfliehen. In den meisten Fällen trägt diese Maßnahme dazu bei, daß das Tier seine Scheu eher ablegt, als wenn es sich immer verstecken kann.

Bieten Sie ihm dann Leckerbissen ganz vorsichtig und ohne schnelle Bewegungen direkt dort an, wo es sich aufhält. Hunger muß es schon haben, und verhungern wird es nicht so schnell (ein wenig Futter müssen Sie anbieten im Käfig), aber auf Wasser kann es nicht verzichten. Trinken muß das Hörnchen jederzeit können. Im übrigen verläuft das Weitere wie schon auf Seite 22 beschrieben. Sobald das Hörnchen Ihnen aus der Hand frißt, haben Sie gewonnen. Es mag vielleicht einige Tage oder gar Wochen dauern, aber nur in seltenen Fällen wird ein Hörnchen überhaupt nicht zahm und vertraut. Wenn Sie nicht zu den völlig selbstlosen Tierfreunden gehören, die das Hörnchen dann einfach so akzeptieren, wie es ist, wird guter Rat teuer. Man kann versuchen, das Tier bei einem Züchter (durch ein Inserat in einer Tierzeitschrift), in einem Freikäfig, im Tierheim oder im Zoo unterzubringen. Wobei ich gleich sagen muß, daß vor allem Zoologische Gärten über solche »Geschenke« meist wenig erfreut sind. Auf keinen Fall aber dürfen Sie es aussetzen (→ Seite 39)!

Haltung und Pflege

Auslauf in der Wohnung und im Garten

Zahmheit ist natürlich in erster Linie wichtig, wenn Sie Streifenhörnchen im Zimmer halten und engen Kontakt mit ihnen haben möchten. Bei Tieren, die in einem Freikäfig leben, spielt Zahmheit keine so große Rolle. Im Gartenkäfig werden die Hörnchen nach einiger Zeit ihren natürlichen Tag-Nachtrhythmus entwickeln und sich so verhalten wie in freier Natur.

Streifenhörnchen beziehen gerne erhöht gelegene Aussichtsposten; hochaufgerichtet, den Schwanz steil in die Höhe gestreckt, beobachten sie aufmerksam ihre Umgebung.

Wie schon auf Seite 22 erwähnt, sollten Sie bereits in der Zeit der Zähmung – gleichgültig ob bei Jungtieren oder älteren Hörnchen – jedes Mal, wenn Sie sich mit Ihrem Hörnchen beschäftigen oder ihm Leckerbissen bieten, bestimmte Laute, Pfiffe oder Worte (Namen, zum Beispiel »Mucki«, »Fipsi« oder was auch immer) äußern. Die Hörnchen lernen, solche Dinge mit der Belohnung Futter in Verbindung zu bringen und kommen bald auf Ruf oder Pfiff herbei. Das ist nicht unwichtig, wenn die Tiere

freien Auslauf im Zimmer oder gar im Garten haben, und Sie sie wieder in den Käfig oder zu sich zurückhaben möchten.

Damit wären wir beim Thema Freiauslauf. Für ein Streifenhörnchen gibt es nichts Schöneres als zweimal täglich oder auch öfter aus seinem Käfig herausdürfen. Wenn es erst einmal handzahm und vertraut ist, sollten Sie ihm diesen Auslauf auf alle Fälle gönnen.

Streifenhörnchen kehren zum Ruhen und Schlafen immer in ihren Bau zurück, auch im Freien. Ein zahmgewordenes Hörnchen wird daher auch sein Schlafkästchen im Käfig wieder aufsuchen, wenn es müde ist – es sei denn, Ihre Jackentasche gefällt ihm besser. Jedenfalls gehen die Tiere beim Freiauslauf im Zimmer von alleine in den bekannten Bau (Käfig) zurück, so daß sich ein umständliches Einfangen meist erübrigt.

Freiauslauf ist bei zahmen Hörnchen problemlos, ja Sie haben dann eher Mühe, solch vertrautes Geschöpf einmal loszuwerden. Es klettert auf Ihnen umher, folgt Ihnen bei jedem Platzwechsel und geht höchstens zwischendurch auf kurze Entdeckungsreisen im Zimmer. Wollen Sie es in den Käfig bekommen, bevor es von alleine dorthinein geht, dann genügt ein Leckerbissen, der bekannte Locklaut von Ihnen, und schon ist das Hörnchen »zur Hand«. Sie brauchen es nur noch in den Käfig zu bringen. Auch wenn Sie es dabei *locker* in der Hand festhalten, wird es nicht beißen.

Ich hatte früher handaufgezogene Streifenhörnchen, die ich ohne weiteres mit in den Garten nehmen und dort laufen lassen konnte. Sie kletterten dabei auch einmal auf einen hohen Baum, kamen aber immer wieder. Bevor ich die Hörnchen in den Garten brachte, habe ich mich allerdings immer erst vergewissert, daß keine Katzen in der Nähe waren.

Auch Wolfgang Luther, der 1938 wohl eines der ersten Asiatischen Streifenhörnchen hielt, schreibt in der Zeitschrift für Tierpsychologie über dieses Tier:»Bei freiem Auslauf im Garten entfernte es sich nie weit und hielt sich gerne in unserer Nähe auf. Dabei wurde es einmal außerhalb seines Käfigs vergessen. Als ich abends, schon bei völliger Dunkelheit, noch einmal durch den Garten ging, kam es mir offensichtlich hilfesuchend entgegen, kletterte auf meinen Arm und wollte heimgetragen sein. Da der Garten ringsum von Wald umgeben war und Schlupfwinkel in Menge bot, hätte es sich leicht selbständig machen können, zumal es zu dieser späten Stunde schon längst hätte schlafen müssen.« Sogar weniger vertraute Streifenhörnchen werden von selbst in ihren Käfig zurückkehren, wenn sie hungrig sind und draußen nichts zu fressen finden.

Spiel und Beschäftigung

Über den täglichen Umgang mit dem Hörnchen ist bereits einiges gesagt worden, und eigentlich brauchen Sie mit dem Hörnchen gar nicht umzugehen. Es geht schon mit Ihnen um!
Auch hier möchte ich Wolfgang Luther zitieren:». . . hatte ich beim Burunduk den Eindruck, daß es den Menschen in seiner Umwelt als Mitgeschöpf, als »Kumpan« erkannte und anerkannte. Es interessierte sich für alles, was man in die Hand nahm; durch Necken mit einer zusammengefalteten Zeitung konnte man es leicht in Wut bringen.«
Sie können mit Ihrem Hörnchen auch spielen. Bei kleinen Säugetieren ist ein richtiger Spieltrieb selten zu finden, zumindest im Vergleich zu dem, was junge Hunde oder junge Katzen so alles treiben. Dabei darf man nicht vergessen, daß das bekannte Spielverhalten bei solchen Jungtieren nichts anderes ist als ein Üben von Verhaltensweisen, die im späteren Leben nützlich sind, etwa beim Beuteerwerb.
Streifenhörnchen spielen auch, ohne daß dabei eine zweckbezogene Handlung zu erkennen ist.

Sie spielen zum Beispiel Fangen mit der Hand des Pflegers oder einem seiner Finger. Sie kommen herbei, stubsen mit der Schnauze an die Hand, sausen dann davon, etwa hinten herum über den Rücken, und warten darauf, daß die Hand hinterherkommt, sie fängt, ein wenig krabbelt und knuddelt, um dann wiederum davonzuflitzen.
Es ist eine regelrechte Aufforderung zum Spielen, die dabei sehr deutlich zum Ausdruck kommt.
Im übrigen lassen Sie das Hörnchen sich bewegen, wie es möchte, aber behalten Sie es möglichst im Auge.

Gefahren

Freiauslauf im Zimmer ist nicht ganz ungefährlich und vergleichbar mit dem Freiflug eines kleinen Stubenvogels.
In der freien Natur gibt es kaum Hindernisse für ein Streifenhörnchen, die nicht zu bewältigen wären. Boden, Bäume und Felsen sind rauh und bieten für die Pfötchen und Krallen Halt. Kommt es doch einmal zu einem Absturz über zwei, drei Meter, dann fängt der in der Regel weiche Boden das Ärgste ab.

Streifenhörnchen bei der Nahrungsaufnahme. ▷
Beim Verzehren der Nahrung sitzen Streifenhörnchen meist auf den Hinterbeinen und halten den Futterbrocken in den Vorderpfoten (oben rechts), manchmal machen sie dabei sogar Männchen (oben links) oder nehmen das Futter aus der Hand.

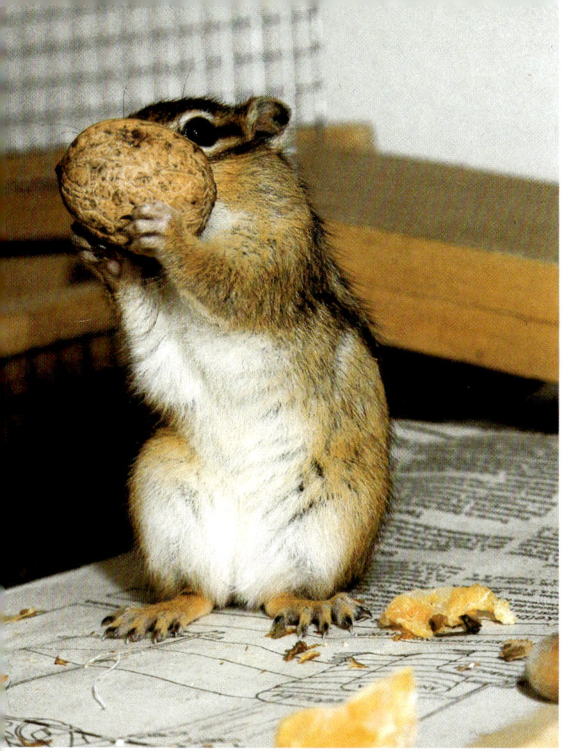
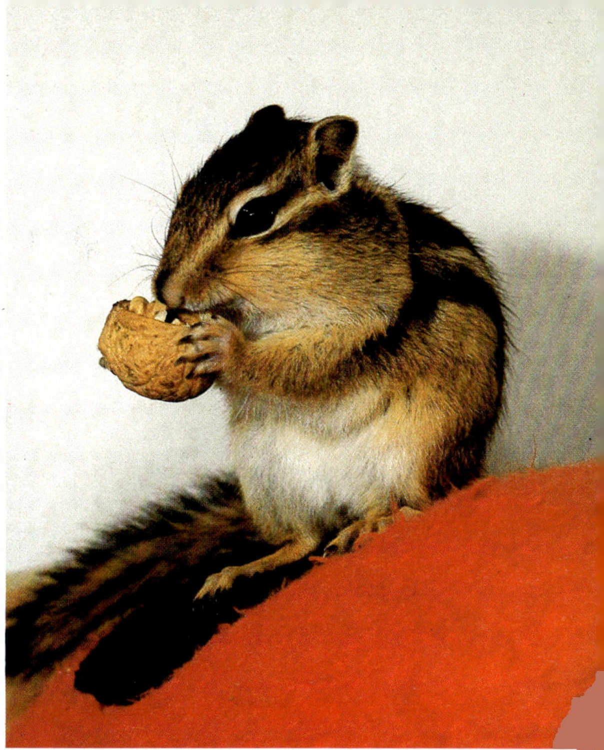
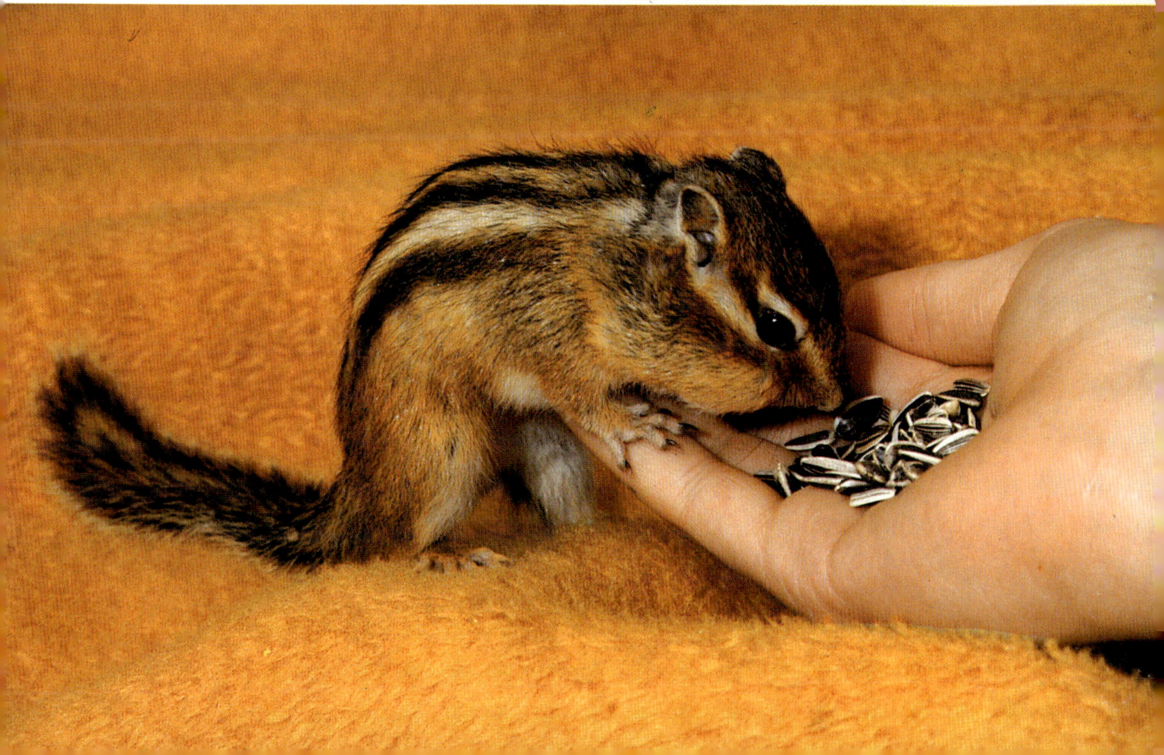

Im Zimmer aber sind reichlich glatte Möbel, polierte Fußböden oder Tischflächen vorhanden. Da die Hörnchen beim Laufen auf ebenen Flächen mit den Ballen der Pfoten auftreten, können sie auch auf glatten Dingen ohne auszurutschen laufen. An senkrechten Gegenständen aber mag es Schwierigkeiten geben und zu Abstürzen kommen. Es geschieht aber selten, da die Hörnchen sozusagen in allen Lebenslagen ungemein geschickt sind.

Viel gefahrvoller wird es, wenn man als Pfleger nicht aufpaßt. Ich schrieb schon, daß zahme Hörnchen eigentlich ständig hinter einem her sind oder an einem herumturnen. Da genügt eine unbedachte Bewegung, ein unvorsichtiger Schritt, und schon ist das kleine Tier gequetscht oder zertreten. Wenn Sie die Türe schnell schließen, kann das Streifenhörnchen eingeklemmt werden, oder Sie setzen sich auf das Sofa, ohne zu ahnen, daß Ihr Hörnchen soeben das Kissen als Versteck benützt. Also: Wenn das Hörnchen frei läuft, aufpassen und vor allem mitdenken, was es eben tun könnte, und wo es gerade steckt. Da die Hörnchen neugierig sind und alles untersuchen, geraten sie auch dabei leicht in mißliche Situationen.

Im Gefahrenkatalog auf Seite 30 können Sie nachlesen, worauf Sie achten müssen, um Ihr Streifenhörnchen vor Gefahren zu schützen. Sie finden auch Hinweise, wie Sie Gefahrenquellen von vornherein ausschalten können.

◁ Grauhörnchen (*Sciurus carolinensis*). Wie das Streifenhörnchen, mit dem es verwandt ist, macht das Grauhörnchen Männchen, um die Umgebung besser beobachten zu können.

Pflegearbeiten

Daß Trinkgefäße und Futternäpfe täglich gereinigt werden müssen, ist selbstverständlich – ebenso wie das Erneuern der Einstreu etwa alle 5 Tage. Beim Wechseln der Einstreu wischen Sie am besten auch gleich die Bodenschalen mit heißem Wasser aus. Geben Sie aber keinerlei Putzmittel ins Wischwasser, erstens mögen Streifenhörnchen den fremden Geruch nicht, zweitens können ihm schon die geringsten Rückstände schaden, wenn es daran leckt.

Streifenhörnchen haben keinen unangenehmen Geruch wie etwa Hausmäuse, nur wenn Kot und Urin der Hörnchen sich über Tage im Käfig befinden und sich zersetzen, dann duftet es nicht eben prächtig. Und Ihr Streifenhörnchen fühlt sich in einem »Saustall« nicht wohl. Deshalb sollten Sie die Einstreu eher einmal zuviel als einmal zuwenig auswechseln.

Das Schlafkästchen halten Streifenhörnchen selbst sauber. Sie müssen also hier nicht allzu häufig das Nestmaterial wechseln, es sei denn, es »riecht«. Das Hörnchen fühlt sich in dem nach ihm selbst duftenden Bett sehr wohl, in einem frisch gemachten muß es sich erst wieder eingewöhnen. Belassen Sie es bei gelegentlichen Kontrollen, und reinigen Sie das Kästchen nur dann, wenn es unbedingt sein muß.

Zweimal im Jahr sollten Sie die Kletteräste austauschen. Wenn Sie keinen Garten haben (mit ungespritzten Bäumen!), ist das Frühjahr und der Herbst die beste Zeit dafür, denn dann werden in vielen Parks die Bäume beschnitten, und Sie können die Arbeiter um ein paar schöne, verzweigte Äste bitten. Die Äste einfach im Wald abzusägen, dazu würde ich nicht raten, das kann teuer werden. Achten Sie darauf, daß die Äste von Bäumen stammen, die weder mit irgendwelchen Schädlingsbekämpfungsmitteln behandelt wurden noch in der Nähe vielbefahrener Autostraßen standen.

Gefahrenkatalog

Gefahren	Auswirkungen	Vermeiden der Gefahren
Elektrokabel	Annagen; Tod durch Stromschlag.	Passiert selten; Kabel unter Fußleisten oder unter Putz verlegen; keine freiliegenden Kabel unter Strom lassen.
Fenster	Entweichen bei offenem Fenster; Abstürzen und Einklemmen bei gekipptem Fenster.	Beim Freiauslauf des Hörnchens Fenster schließen oder durch ein Gitter sichern; Fenster nicht kippen.
Heiße Herdplatten	Verbrennungen; Versengen von Pfoten und Fell.	Auf unbenutzte heiße Platten geschlossenen Topf mit Wasser stellen.
Heizgeräte, Heizsonnen	Verbrennungen.	Bei eingeschaltetem Gerät Hörnchen nicht frei laufen lassen.
Küche	Verbrennungen (heiße Speisen, heiße Herdplatten); Ertrinken (Eimer, Gefäße mit Flüssigkeit, Spülbecken).	Hörnchen möglichst aus der Küche fernhalten oder sehr gut beaufsichtigen, vor allem beim Kochen und Putzen.
Medikamente	Vergiftung mit Todesfolge.	Medikamente in Schränken aufbewahren; Tabletten oder Pillen werden als Futter angesehen.
Menschlicher Fuß	Zertreten, Zerquetschen.	Unfälle lassen sich nur durch größte Achtsamkeit vermeiden.
Plastiktüten	Ersticken; Hörnchen schlüpfen in die Tüte und können sich darin verfangen.	Plastiktüten nicht herumliegen lassen.
Pflanzen	Vergiftung oder Verletzungen.	Giftig für Hörnchen: Hyazinthe, Maiglöckchen, Narzisse, Nelke, Primel; Schnittblumen und Kakteen fürs Hörnchen unerreichbar aufstellen.
Sitzmöbel	Zerquetschen.	Vor dem Hinsetzen vergewissern, daß das Hörnchen sich nicht auf der Sitzfläche befindet.
Türen	Einquetschen; Entweichen; Aus- oder Einsperren.	Unfall und Entweichen sind nur durch größte Achtsamkeit zu vermeiden.
Vasen	Ertrinken; Reinfallen, Hörnchen kann an den glatten Wänden nicht hochklettern.	Vor allem große Vasen abdecken oder mit zerknülltem Papier füllen; mit Wasser gefüllte Vasen nicht ohne Inhalt (Zweige) stehen lassen.
Wasch- und Putzmittel, Chemikalien	Vergiftung, häufig mit Todesfolge; Verätzungen durch Lecken oder Hineinfallen.	Alle Mittel (Haushaltsreiniger, Klebstoffe, Medikamente) in Schränken aufbewahren; geputzte Böden, Kacheln erst trocknen lassen, bevor Hörnchen frei läuft (leckt daran).
Waschmaschine	Versehentliches Einschließen.	Maschine nie geöffnet lassen, vor jedem Betrieb kontrollieren, auch hineinfassen.

Die Ernährung

Streifenhörnchen nehmen – wie übrigens viele kleine Nagetiere – in der freien Natur sowohl pflanzliche als auch tierische Nahrung zu sich. Die Pflanzenkost überwiegt dabei allerdings bedeutend. Jedoch ist tierische Kost und damit tierisches Eiweiß für das Wohlbefinden der Hörnchen Voraussetzung. Denken Sie nur daran, daß zum Beispiel unsere heimischen Eichhörnchen auch nicht nur Samen, Nüsse und Obst verspeisen, sondern bei Gelegenheit ganz schön die Nester kleiner Vögel plündern, um sich an Eiern oder Jungen gütlich zu tun.

Mischfutter als Grundnahrung

Sie bekommen im Zoofachhandel für Streifenhörnchen ein sehr gut zusammengestelltes Mischfutter, sollten aber darauf achten, daß neben Sämereien und Nüssen auch getrocknete Insekten darin enthalten sind.

Grundsätzlich können Sie Ihrem Streifenhörnchen alle bei uns angebotenen Sämereien geben, nur keine Mandeln, da diese Blausäure enthalten und damit dem Hörnchen den Tod bringen.

Zu kleine Sämereien, wie sie für viele der kleinen körnerfressenden Vögel zu haben sind, werden von den Hörnchen allerdings nicht sehr gerne genommen, einfach, weil sich das Aufnagen und Schälen dieser Kleinkörner für sie nicht lohnt. Dies um so weniger, je mehr größere Samen zur Verfügung stehen.

Wollen Sie das Mischfutter selber zusammenstellen, so sollten folgende Futtersorten darin enthalten sein: 25% Hafer oder Haferflocken, 40% Sonnenblumenkerne, 10% Hanfkerne, 25% Weizen und etwas Hirse.

Dazu geben Sie einige Nüsse (Erd-, Wal-, Haselnüsse) oder Wildfrüchte wie Eicheln, Bucheckern und Hagebutten. Sie können im Sommer und Herbst eine Menge Futter selbst suchen und sammeln.

Obst und Grünfutter

Praktisch fressen die Streifenhörnchen neben Sämereien alle Sorten an Früchten, Beeren und Obst. Auch Grünfutter nehmen manche Hörnchen. Sie müssen das ausprobieren, zum Beispiel mit Vogelmiere, Löwenzahnblättern und -blüten. Und im Frühjahr können Sie im Käfig frische Zweige von Weiden oder Obstbäumen anbringen, von denen manchmal Rinde und Triebe mit Behagen abgenagt werden.

Auch bei Streifenhörnchen ist der Geschmack von Tier zu Tier verschieden, was meist davon abhängt, wie das einzelne Hörnchen ernährt worden ist, bevor es in Ihre Hände kam. Auch in Freiheit ist das Angebot an Nahrung fast unerschöpflich und reich an Variationen, man kann also durch abwechslungsreiches Futter nur Gutes tun. Sie werden übrigens sehr bald herausfinden, welche Kost Ihr Hörnchen bevorzugt, und was es ablehnt, und natürlich lassen Sie dann in Zukunft das Verschmähte weg.

Das Nahrungsangebot sollte stets gemischt sein, also aus trockenen Sämereien, Nüssen und Obst oder Beeren bestehen. Auch wenn Sie täglich Saftfutter (Obst, Grünzeug) reichen: Frisches Trinkwasser muß dem Hörnchen immer zur Verfügung stehen!

Tierische Kost

Den Bedarf an tierischer Kost können Sie am sichersten mit einer Gabe von 3 bis 5 Mehlwurmlarven pro Tag decken. Mehr aber nicht davon, da sie sehr fetthaltig sind. Auch Heuschrecken und Heimchen nehmen Streifenhörnchen in der Regel gerne, nur sind sie bei uns im Freien kaum mehr zu finden. Man kann aber ohne großen Aufwand Zuchten anlegen, aus denen sich täglich 1 bis 2 Tiere zum Verfüttern ergeben (Zuchtanleitungen gibt es im Zoo-fachhandel). Ob Ihr Hörnchen Schiergehacktes oder frisches, fettloses Muskelfleisch vom Rind oder Kalb mag, ist auszuprobieren. Manche Tiere lehnen diese Nahrung ab, andere stürzen sich darauf.

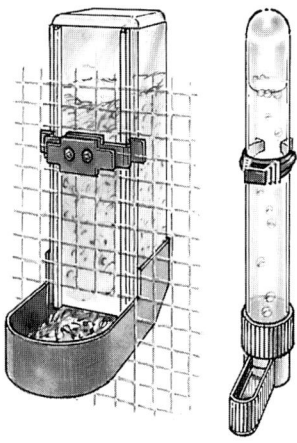

Futterspender (links) und Tränkautomat (rechts); darin sind Körnermischfutter und Trinkwasser vor Verschmutzungen geschützt.

Frische Milch in kleinen Gaben trinken bezie-hungsweise lecken die Hörnchen meist gerne, vor allem Jungtiere und säugende Weibchen. Es versteht sich von selbst, daß die Milch im Käfig nicht sauer werden darf, was besonders im Sommer schnell geschehen kann.

Grundregeln für die Fütterung

Futter sammeln, Vorräte anlegen und Fressen sind neben Klettern und Springen die »Lieb-lingsbeschäftigungen« von Streifenhörnchen. Ein abwechslungsreiches – für das Streifen-hörnchen »interessantes« – Nahrungsangebot ist ebenso wichtig, wie das Beachten einiger Regeln bei der Fütterung:

- Gefüttert werden sollte täglich – so abwechs-lungsreich wie möglich. Als Standardfutter ist zu empfehlen: Streifenhörnchen-Mischfutter, dazu 2 bis 4 Nüsse oder Wildfrüchte, frisches Obst und 3 bis 5 Mehlwürmer (Näheres zur Futtermenge → Seite 33).
- Täglich etwas Futterkalk (Vitakalk) über das Mischfutter streuen.
- Täglich einen Tropfen eines Multivitaminprä-parates (im Zoofachhandel erhältlich) ins Trinkwasser geben.
- Ein Salzleckstein sollte ständig im Käfig hän-gen. Im Zoofachhandel gibt es spezielle Halte-rungen, mit denen man den Stein problemlos am Käfiggitter befestigen kann.
- Alle Futter- und Wassergefäße müssen täg-lich gereinigt werden, gleichgültig, ob Sie sicht-baren Schmutz daran entdecken oder nicht.
- Das Trinkwasser muß täglich erneuert wer-den, weil es durch Kot oder Futterreste rasch verschmutzt. Dies trifft vor allem für offene Trinkgefäße zu, aber auch in einem Tränkauto-maten ist das Wasser nach 24 Stunden »abge-standen«.
- Das Obst, das Sie verfüttern, sollte geschält oder gewaschen sein; so wird verhindert, daß die Tiere etwaige Spritzmittelrückstände auf-nehmen.
- Nüsse und anderes hartschaliges Futter geben Sie immer mitsamt der Schale. Bei den Nagetie-ren, also auch bei unseren Streifenhörnchen, wachsen die Nagezähne ständig nach und wer-den durch die Nagetätigkeit abgenutzt. Es ge-hört zum natürlichen Freßverhalten dieser Tiere, daß sie sich durch die harte äußere Schale hindurchnagen müssen, um an einen weichen und nahrhaften Kern zu kommen.
- Wenn auch die Speisekarte für Streifenhörn-chen sehr weitreichend ist, und bei abwechs-lungsreicher Kost eigentlich keine Probleme mit dem Futter auftreten dürften, so sind ge-wisse Dinge für die kleinen Nager absolut schädlich. Dazu gehören salzige Kost, Süßig-

keiten in größeren Mengen und regelmäßig verabreicht (hie und da am Pudding naschen oder an einem Keks schadet nicht), verdorbenes, fauliges, schimmeliges Futter und saure Milch.

Man sollte dem Streifenhörnchen nicht zu oft ein kleines Stück Schokolade geben. Natürlich liebt es süße Sachen und wird sich auch die Schokolade Stück für Stück in die Backentaschen schieben. Aber dann? Im Innern der Taschen wird die Schokolade weich und zu einem klebrigen Brei. Und jetzt muß sich das Streifenhörnchen ganz schön abmühen, diese Angelegenheit wieder ans Licht zu befördern.

Die Futtermenge

Zunächst einmal werden Sie sich wundern, wie schnell so ein eben gefüllter Futternapf leer ist. Da haben Sie gerade eingefüllt, Ihren Frühstückskaffee getrunken, und wenn Sie dann wieder nachsehen, ist der Napf bis auf das letzte Korn blitzblank. Nur hat das Streifenhörnchen gar nichts oder kaum etwas gefressen. Es hat sich seine Backentaschen vollgestopft, rechts und links, und das zwei-, dreimal, und hat alle Körner und Nüsse entweder in sein Schlafkästchen gebracht oder im Boden vergraben. Eines meiner zahmen Streifenhörnchen, das frei im Zimmer laufen konnte, suchte nach der Fütterung regelmäßig mit vollen Backentaschen nach Blumentöpfen, in denen es seine Hamsterware vergrub. Nach einigen Tagen sprossen dann neben Sansevierien oder Azaleen die Sonnenblumen- und Hirsekeimlinge in die Höhe. Weil das Hörnchen bei seinen Grabungen in den Blumentöpfen natürlich die Erde auf Boden und Teppiche verteilte, brachte ich die Töpfe an hörnchensichere Stellen. Da war mein kleiner Freund zunächst recht bestürzt und eilte mit dicken Backen im Zimmer hin und her, auf der Suche nach Versteckmöglichkei-

ten. Schließlich entdeckte er den halbvollen Papierkorb und entlud seine Last dorthinein. Hamstern also und Verstecken gehören eng zum Nahrungserwerb der Hörnchen. Je mehr Futter Sie anbieten, um so mehr wird als Vorrat angelegt. Sie können am Abend an der Menge des versteckten Futters, das nicht gefressen wurde, leicht feststellen, wieviel Futter Sie zuviel am Morgen in den Käfig gegeben haben, und die Menge entsprechend reduzieren. Obst und andere weiche Nahrung werden selten gehamstert, sondern meist an Ort und Stelle verzehrt.

Es ist etwas schwierig, eine genaue Futtermenge pro Tag für ein Streifenhörnchen anzugeben. Da Körnerfutter nicht verdirbt, Obst sowieso jeden Tag frisch angeboten werden muß, ist das letztlich auch nicht von so großer Bedeutung. Aber als ungefähren Anhalt würde ich pro Hörnchen und Tag (beispielsweise) geben: ¼ durchschnittsgroßen Apfel, 2 Eierbecher voll Sonnenblumenkernen oder/und andere Sämereien (Mischfutter), 3 bis 4 ungeschälte Haselnüsse. Das dürfte eher reichlich als zu wenig sein.

Ein Überfüttern und damit Verfetten ist bei diesen sehr bewegungsfreudigen und tagsüber stets munteren Tieren kaum möglich, wenn der Käfig groß genug bemessen wurde oder die Hörnchen häufig Auslauf im Zimmer haben beziehungsweise in einem geräumigen Freikäfig leben.

Wenn Streifenhörnchen krank werden

Streifenhörnchen werden bei artgemäßer Haltung selten krank. Am ehesten hat man es mit Hautverletzungen durch Beißereien oder Hautabschürfungen zu tun, die meist von alleine heilen.
Krankheiten bei kleinen Tieren zu behandeln und zu heilen, ist fast immer schwierig. Vorbeugen sollte daher die erste Regel sein. Mangelerscheinungen, wie sie durch einseitige oder falsche Fütterung auftreten, können durch abwechslungsreiches Futter vermieden werden (→ Die Ernährung, Seite 31). Zugaben von Vitaminpräparaten wie Sanostol oder Multimulsin (1 Tropfen pro Tag), kleine Mengen von Vitakalk (über das Futter gestreut) tragen zur Gesundheiterhaltung der Tiere bei (→ Grundregeln für die Fütterung, Seite 32).

Krankheitszeichen

Krankheiten äußern sich bei Kleinsäugern in einem verstärkten Schlafbedürfnis am Tage (bei tagaktiven Arten wie dem Streifenhörnchen), durch struppiges Fell und abstehendes Haarkleid und durch geringe Freßlust. Beginnen erst einmal die Flanken einzufallen, und wird die Atmung schwer und heftig, ist es meist zu spät für eine Behandlung.
Wenn Sie bei der täglichen Beobachtung Ihres Streifenhörnchens Veränderungen in Verhalten oder Aussehen feststellen, sollten Sie unbedingt einen Tierarzt aufsuchen, der Erfahrungen mit Kleintieren hat. Dabei müssen Sie das Tier in einem warmen, zugfreien Behälter transportieren.
Haben Sie mehrere Streifenhörnchen, ist es immer notwendig, das verletzte oder erkrankte Tier zu isolieren. Im Freikäfig gehaltene Hörnchen bringt man besser bis zur Gesundung in der Wohnung unter. Als »Krankenkäfig« eignet sich der auf Seite 15 beschriebene kleinere Käfig sehr gut.

Verletzungen

Ursachen: Bißverletzungen durch Aggressionen bei Haltung von zwei oder mehreren Tieren in einem Käfig; Unfälle durch Unachtsamkeit des Pflegers (Einklemmen, Abstürzen, Schürfwunden durch herausstehende Nägel, Drahtenden, → Gefahrenkatalog Seite 30).
Zum Thema Schwanz habe ich auf Seite 21 schon geschrieben. Aber hier nochmals: Nie das Hörnchen am Schwanz ziehen oder gar tragen wollen. Die Schwanzhaut reißt ab, und es bleibt der Wirbelsäulenstumpf zurück, der abtrocknet oder vom Hörnchen abgenagt wird.

Ein krankes Streifenhörnchen braucht viel Ruhe; setzen Sie es am besten in einen »Krankenkäfig«. Bestrahlung mit einer Infrarot-Lampe unterstützt die Heilung.

Dann fehlt ihm ein wichtiges Körperorgan für die Balance beim Klettern und Springen.
Behandlung: Bei offenen Wunden ist das verletzte Tier sofort zu isolieren. Bei schweren Bißwunden (Fleischwunden) muß der Tierarzt

Wenn Streifenhörnchen krank werden

die Wunde versorgen. Hautwunden heilen bei allen Wildtieren meist gut und schnell. Sie können eine vom Tierarzt empfohlene Wundsalbe auftragen, die allerdings beim Putzen des Fells vom Hörnchen schnell wieder entfernt wird. Bei allen Verletzungen unterstützen Ruhe und Wärme die Heilung (Infrarot-Strahler in etwa 1 m Entfernung vom Käfig aufstellen). Kommt es zu schweren Verletzungen am Kopf, so muß man besonders darauf achten, ob sich Ober- und Unterkiefer eventuell gegeneinander verschoben haben. Zum Beispiel kann sich der Unterkiefer ausgerenkt haben und damit nicht mehr funktionsfähig sein. Ein geschickter Tierarzt bringt ihn unter Umständen wieder an Ort und Stelle. Wenn die unteren Nagezähne beim Nagen nicht mehr gegen die oberen Nagezähne arbeiten – bei einer Verschiebung des Unterkiefers –, können sich die Nagezähne auch nicht mehr gegeneinander abschleifen und wachsen zu unnatürlicher Länge aus. Dadurch wird innerhalb kurzer Zeit jede Nahrungsaufnahme unmöglich. Ich bin bei derart schwerverletzten Tieren dagegen, daß man sie dann mit Prozeduren, die regelmäßig wiederholt werden müssen (zum Beispiel Abschleifen oder Abzwicken der ausgewachsenen Zähne), mühsam am Leben erhält. Man sollte sie vom Tierarzt einschläfern lassen und sich ein neues, gesundes Tier anschaffen. Nur wenn eine baldige Heilung von Wunden und anderen schweren Verletzungen möglich erscheint, lohnt sich auf beiden Seiten die Mühe. Ein Tier ohne Aussicht auf Genesung ständig leiden zu lassen, ist falschverstandene Tierliebe.

Brüche

Ursachen: Bei Streifenhörnchen kommen Brüche selten vor. Sie werden meist durch den Aufprall auf harten Boden beim Abstürzen des Hörnchens aus großer Höhe verursacht. Zum

Beispiel: Wenn das Hörnchen auf einer glatten, senkrechten Fläche keinen Halt findet oder vom Rahmen eines gekippten Fensters herunterstürzt.
Behandlung: Brüche können geschient werden, soweit sie im äußeren Bereich der Gliedmaßen entstanden sind. Das ist aber bei der Kleinheit des Patienten immer schwierig. Brüche müssen auf jeden Fall vom Tierarzt versorgt werden. Hörnchen neigen dazu, Fremdkörper aus ihrem Fell zu entfernen, aus dem ganz natürlichen Trieb, sich sauberzuhalten. So werden dann auch Pflaster, Gipsteile und ähnliches den Nagezähnen nicht lange widerstehen.

Erkältungskrankheiten

Ursachen: Erkältungskrankheiten können durch Zugluft entstehen oder, vor allem im Freikäfig, durch Unterkühlung, wenn das Hörnchen nicht genügend Nestmaterial hat beziehungsweise im Winter keinen frostsicheren Unterschlupf (→ Seite 18). Bei Erkältungskrankheiten kann es zu Nasenausfluß und schwerer, manchmal röchelnder oder pfeifender Atmung kommen. Das Fell steht struppig ab, das Tier ist müde und zu Aktivitäten wenig bereit.
Behandlung: Auf jeden Fall den Tierarzt zu Rate ziehen und das Hörnchen warm setzen (Infrarot-Strahler etwa 1 m vom Käfig entfernt aufstellen).

Infektionskrankheiten

Ursachen: Viren, Bakterien. Es ist für den Laien kaum möglich, Infektionskrankheiten etwa des Magen-Darm-Traktes selbst zu bestimmen. Sogar ein guter Tierarzt kann bei der Diagnose in Schwierigkeiten geraten. Veränderungen des Kots, struppiges Fell und auffällige

Wenn Streifenhörnchen krank werden

Veränderungen im Verhalten sind mögliche Krankheitszeichen.
Behandlung: Das Tier unbedingt in einem warmen, zugfreien Behälter zum Tierarzt bringen. Harn- und Kotproben mitnehmen (Einstreu aus dem Käfig entfernen, damit Proben unverschmutzt bleiben; Harn mit Hilfe einer Pipette oder einer Plastikspritze aufsaugen).

Durchfall

Ursache: Zu reichliche Fütterung mit Obst; Infektionskrankheiten. Durchfälle erkennen Sie am breiigen oder dünnflüssigen Kot und an der Verschmutzung der Afteröffnung.
Behandlung: Wird breiiger Kot bei zu reichlicher Fütterung mit Obst abgesetzt, besteht kein Grund zur Besorgnis. Sie können versuchen, den Durchfall zu stoppen durch winzige Gaben von Stolmisan (Apotheke), im Trinkwasser oder in Milch verabreicht, und durch Fütterung mit trockener Nahrung wie Haferflocken. Dazu Wärme über Infrarot-Strahler oder Wärmflasche (Tier ins Schlafhäuschen setzen, Einschlupfloch verschließen und das Häuschen auf eine Wärmflasche binden). Bei länger anhaltendem Durchfall und extremen Veränderungen des Kots sollten Sie den Tierarzt zu Rate ziehen (Kotproben mitnehmen).

Parasiten

Parasiten habe ich bei Streifenhörnchen nie erlebt, weder Innenparasiten wie Bandwürmer noch Außenparasiten wie Flöhe oder Milben. Vorkommen mögen sie dennoch.
Flöhe finden sich bei kleinen Säugetieren durchaus nicht selten. Sie sind aber zumeist auf eine Wirtsart (zum Beispiel auf Hunde) spezialisiert, und so müßte ein Streifenhörnchen die Flöhe schon mitgebracht haben. Werden Hörnchen in einem Gartenkäfig gehalten, besteht die Möglichkeit, daß sich Zecken an ihnen festsaugen.
Behandlung: Zecken sind nicht schwer zu entfernen, wenn man den Zeckenkörper zwischen zwei Fingernägel klemmt oder mit einer gut greifenden Pinzette packt und beim Herausziehen gegen den Uhrzeigersinn dreht (spezielle Zeckenzangen gibt es im Zoofachhandel). Man kann aber auch durch einen kleinen Tropfen Speiseöl, den man über den Zeckenkörper rinnen läßt, die Zecke zum Loslassen zwingen. Sie kann mit öligem Überzug nicht mehr atmen. Wie gesagt, ich habe derlei nie erlebt. Die Streifenhörnchen sind auch sehr reinlich und sorgen vermutlich selbst dafür, daß sich Parasiten im Fell nicht leicht einnisten können. Wenn sie sich kratzen, muß das nicht einem Floh gelten, es dient ganz allgemein der Körper- und Fellpflege.
Flöhe und Milben können Sie mit einem entsprechenden Pulver für Kleintiere (im Zoofachhandel erhältlich) bekämpfen, halten Sie sich dabei genau an die Gebrauchsanweisung. Innenparasiten kann nur der Tierarzt über Kotproben feststellen und dann behandeln.

Verwandte des Streifenhörnchens. ▷
Die beiden Ziesel (*Citellus citellus*) beobachten aufrecht sitzend die Umgebung; nähert sich ein Feind, stoßen sie einen schrillen Ruf aus, um ihre Artgenossen zu warnen.

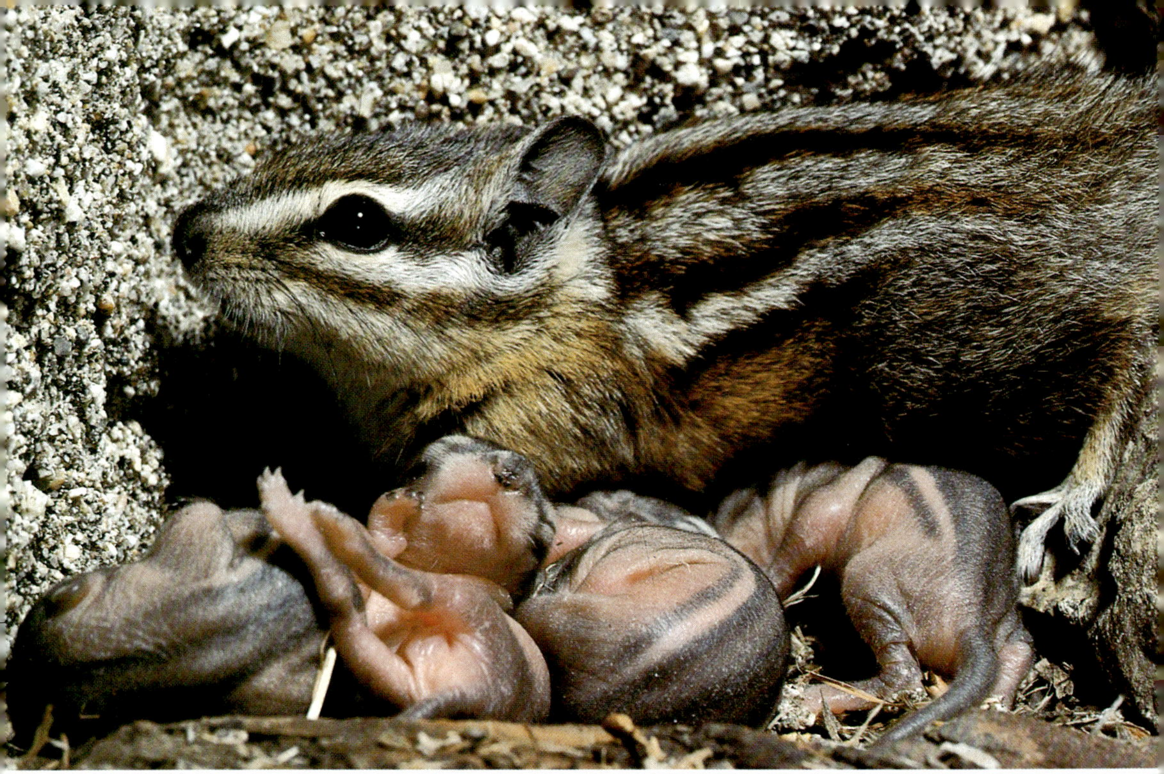

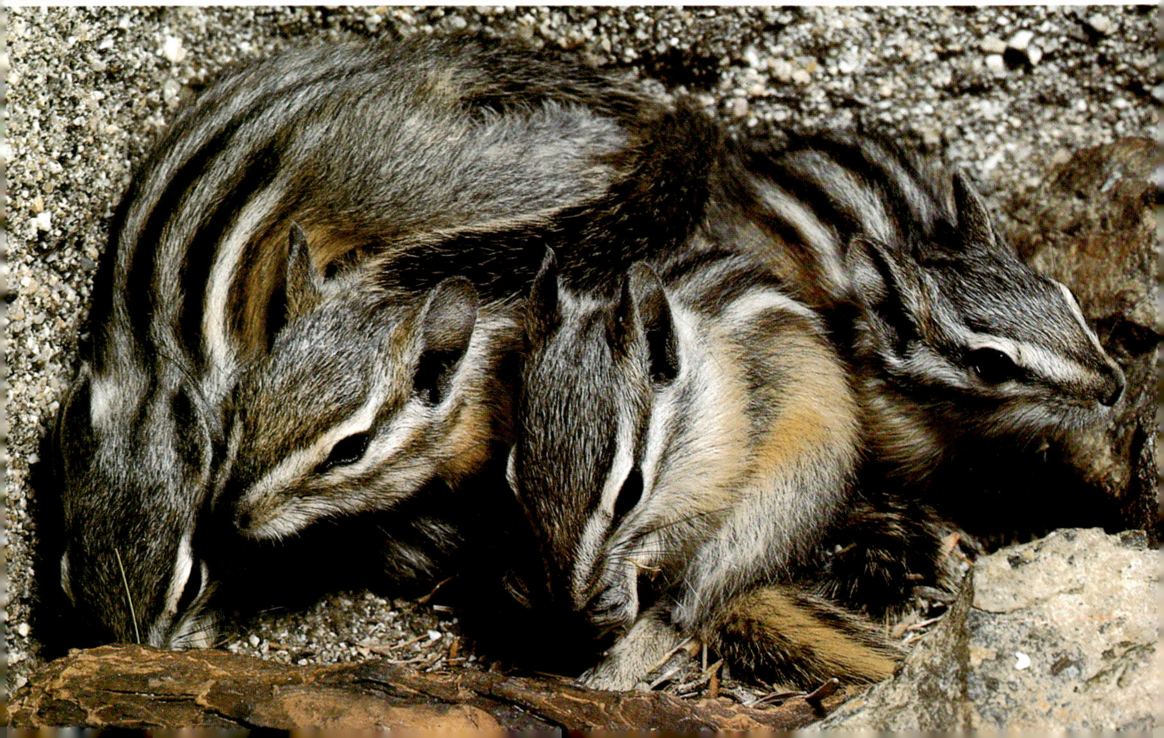

Streifenhörnchen-Zucht

Was Sie vor der Zucht bedenken sollten

Vermehrung und Zucht ist bei Streifenhörnchen ein und dasselbe. Streifenhörnchen sind noch nicht in dem Sinne domestiziert wie Meerschweinchen, Goldhamster, Hauskaninchen oder, unter den Vögeln, Wellensittiche. Es sind noch echte Wildtiere, die sich ausschließlich so verhalten, als lebten sie in Freiheit. Dazu gehört auch, daß sie nur einmal im Jahr Junge bekommen. Zwar können gerade Kaninchen – Wildkaninchen meine ich jetzt – auch mehrere Würfe im Jahr haben, aber nie werden sie zu regelrechten »Wurfmaschinen«, wie es leider bei domestizierten Formen der Fall sein kann. Das ist im hohen Maße unnatürlich und geht vor allem zu Lasten der Gesundheit und der Lebensdauer der Weibchen oder führt zu mangelnder Robustheit der Jungen.

Während Goldhamster, Kaninchen oder Meerschweinchen bei paarweiser Haltung problemlos und sozusagen pausenlos für Nachwuchs sorgen, gelingt es nicht immer, Streifenhörnchen zu züchten. Streifenhörnchen paaren sich nicht so ohne weiteres, sie brauchen – unter anderem – Platz dazu (→ Seite 40).

Wenn Sie es mit der Zucht versuchen wollen, dann müssen Sie sich zunächst fragen, wo der Nachwuchs bleiben soll. Vermutlich werden Sie ihn nicht selbst behalten können. Immerhin besteht ein Wurf aus 3 bis 6 Jungen, die dann neben dem Elternpaar versorgt sein wollen und auch entsprechend Platz benötigen. Wenn Sie

der Meinung sind, Abnehmer werden sich schon finden, dann seien Sie da vorsichtig. Nicht jeder nette Mensch ist ein Streifenhörnchen-Narr. Und selbst wenn er einer ist, muß er noch lange nicht den Platz und die Zeit zur Haltung haben.

Also, sichern Sie die Lage rechtzeitig ab. Denn – das muß ich ganz eindringlich sagen – freilassen dürfen Sie Ihre überschüssigen Hörnchen nicht, auch wenn die Tiere überleben können. Sie verstoßen damit gegen das Gesetz, wenn Sie fremdländische Tiere einbürgern.

Die erste Voraussetzung für die Zucht ist also zu wissen, wohin mit dem Nachwuchs.

Die zweite Voraussetzung sollte sein, daß Sie mit der Haltung von Streifenhörnchen schon etwas Erfahrung haben und einiges über ihr Verhalten wissen. Und schließlich brauchen Sie zum normalen Käfig einen Zuchtkäfig (Wurfkäfig), in den Sie das Weibchen nach der Paarung setzen und damit absondern können.

Der Wurfkäfig

Der Wurfkäfig muß nicht so hoch sein wie der auf Seite 14 beschriebene normale Käfig, aber mindestens 150 × 50 × 50 cm messen. Die Jungtiere müssen ja mit ihrer Mutter für einige Zeit darin leben (→ Seite 42). Alle Wände außer der Vorderfront sollten dicht sein (Holzwände), um Zugluft abzuhalten. Die Maschenweite des Gitters muß bei etwa 6 mm liegen, damit aus dem Nest gefallene Junge nicht durch die Maschen nach draußen kriechen können (→ Seite 42).

Als Wurfkästchen stellen Sie ein Nistkästchen von etwa 30 × 30 × 20 cm hinein, dessen Einschlupföffnung oben an einer Seitenwand angebracht sein sollte. Legen Sie ausreichend Nistmaterial in den Käfig, damit das Weibchen im Wurfkästchen nach eigenem Ermessen sein Nest bauen kann.

◁ Drehkiefern-Chipmunk (*Tamias speciosus*), eine amerikanische Streifenhörnchenart.
Oben: Säugende Chipmunk-Mutter mit 17 Tage alten Jungen. Unten: Die Jungen sind 47 Tage alt; sie ernähren sich bereits von Samen.

Streifenhörnchen-Zucht

Paarungszeit und Paarung

In der Natur fällt die Paarungszeit der Streifenhörnchen in den Monat April, nach Beendi-
gung ihres Winterschlafes. In der Obhut des
Menschen, bei Haltung in warmen Innenräu-
men, kann die Paarungszeit schon Ende De-
zember einsetzen oder in den Monaten danach
bis gegen Ende März. Dies ist also auch der
Zeitraum, in dem man ein Paar zusammenbrin-
gen muß.
Ich schrieb zu Anfang schon, daß es mit der
paarweisen Haltung von Streifenhörnchen nicht
ganz einfach ist. Bringt man zwei Tiere, die sich
nicht kennen, außerhalb der Paarungszeit zueinander, führt das mit ziemlicher Sicherheit zu
Beißereien. Wenn das Weibchen paarungswil-
lig sein sollte (die Männchen sind es während
der Paarungszeit immer), wird es einem bekannten Artgenossen gegenüber friedlicher
sein als gegen einen fremden.
So sollte man zur Zucht zwei Tiere haben, die
beide zahm oder zumindest menschen- und um-
gebungsgewöhnt sind, und die sich durch Haltung in benachbarten Käfigen bereits kennen.
Stellt man die Käfige unmittelbar nebeneinander, kann man gut beobachten, ob sich das
Weibchen aggressiv dem Männchen gegenüber
verhält oder friedlich bleibt. Aber setzen Sie
jetzt nicht das Männchen in den Käfig des
Weibchens oder umgekehrt. Ein solch plötzliches Eindringen in das eigene Revier wird übel-
genommen. Am besten lassen Sie das Paar
beim Freilaufen im Zimmer sich einander nähern. Hier hat das Männchen auch die Möglichkeit zu fliehen, wenn das Weibchen böse wird.
Im engen Käfig kann es das nicht und wird bald
Bißwunden davontragen.
Dies gilt, wenn die Hörnchen in verhältnismäßig kleinen Käfigen gehalten werden.
In einem Freikäfig mit entsprechenden Ausma-
ßen, mehreren Nestkästchen und anderen Ver-
steckmöglichkeiten kann ein Paar eher zusammenleben, auch über längere Zeit, und unter
Umständen auch außerhalb der Paarungszeit.
Entsprechend wäre dies der Fall, wenn Sie für
die Streifenhörnchen im Haus ein eigenes Zimmer zur Verfügung haben, in dem sie sich ständig frei bewegen können.
Wenn ein Weibchen paarungsbereit ist, läßt es
oft sehr hohe, pfeifende Rufe hören. Bei den
Männchen werden in der Paarungszeit die beiden Hoden zwischen den Hinterbeinen und der
Schwanzwurzel deutlich als längliche Wülste
von etwa 1½ cm Länge sichtbar.

Kopulation bei Streifenhörnchen. Das paarungs-
bereite Weibchen kauert am Boden und streckt den
Schwanz steil in die Höhe, dann steigt das Männchen
auf seinen Rücken.

Auch ein paarungsbereites Weibchen wird vor
einem Männchen zunächst fliehen und zudem
versuchen, es erst einmal abzuwehren. Nach
kürzeren oder längeren Verfolgungsjagden finden dann wiederholt Kopulationsversuche und
Kopulationen statt. Dabei lassen vor allem die
Männchen knurrende oder brummende Laute
hören. Sobald nun das Weibchen dem Männchen gegenüber auffallend mürrisch und aggressiv wird, sollten Sie die Tiere voneinander
trennen. Am folgenden und übernächsten Tag

Streifenhörnchen-Zucht

können die Hörnchen nochmals zueinander gelassen werden, wobei gut beobachtet werden muß, wie sich das Weibchen verhält. Bleibt es angriffslustig und abwehrend dem Männchen gegenüber, so hat mit ziemlicher Sicherheit bereits eine Befruchtung stattgefunden, und die Tiere werden endgültig getrennt.

Das Weibchen bezieht nun seinen Wurfkäfig, um sich rechtzeitig an die neue Umgebung gewöhnen zu können. Wenn das Paar sich sehr schlecht verträgt, bringen Sie das Männchen am besten außer Sichtweite.

Ich kenne auch Streifenhörnchenzuchten in größeren Käfigen, bei denen es trotz ständiger Anwesenheit des Männchens während der Trag- und Aufzuchtzeit zu keinerlei Komplikationen kam. Immerhin ist es sicherer, das Weibchen alleine zu halten.

Tragzeit und Geburt

Die Tragzeit beträgt 29 bis 32 Tage. Während dieser Zeit hält sich ein trächtiges Weibchen viel im zukünftigen Wurfkästchen auf. In den Tagen vor der Geburt verläßt es das Kästchen nur noch selten, um zu fressen oder Kot und Harn abzusetzen.

Ein trächtiges Weibchen muß besonders abwechslungs- und vitaminreiches Futter bekommen, dazu Kalk- und Salzsteine. Auch Milch leckt es jetzt besonders gerne. Die Verträglichkeit gegenüber verschiedenen Milchsorten (also etwa Dosenmilch mit 7,5% Fettgehalt, Kuhmilch, beides entweder mit Wasser verdünnt oder pur, Babynahrung) ist bei den einzelnen Tieren unterschiedlich. Sie sollten das lange vor der Trächtigkeit ausprobiert haben. Verträgt ein Hörnchen eine Milchsorte schlecht, dann reagiert es mit breiigem Kot oder Durchfall. Die Jungen werden stets nachts geboren. Nun dürfen Sie aber, so neugierig und gespannt Sie auch sein mögen, in den Tagen um die zu

erwartende Geburt nicht ständig nachsehen, »ob sich schon etwas tut«. Lassen Sie den Dingen ihren Lauf. Vor allem erstmals gebärende Weibchen nehmen Störungen am Nest leicht übel, verlassen dann die Jungen oder versuchen, sie wegzutragen und an einer anderen Stelle des Käfigs abzulegen. Das geht dann oft nicht gut aus, die Jungen unterkühlen oder bekommen zu wenig Milch.

Nur wenn das Weibchen das Nest verlassen hat, zum Fressen vielleicht, können Sie vorsichtig den Deckel öffnen. Schieben Sie das Nistmaterial nicht mit der Hand auseinander, sondern mit einem nach Hörnchen riechenden Gegenstand (einem kleinen Zweig aus dem Käfig). Wenn Sie sehen, daß Junge im Nest sind, schließen Sie bitte den Deckel sofort wieder, um die Störung kurz zu halten. Bei sehr zahmen und mit dem Pfleger vertrauten Hörnchen braucht man nicht so vorsichtig zu sein, vor allem, wenn sie schon einmal erfolgreich Junge bekommen und aufgezogen haben.

Die Entwicklung der Jungen

Die Jungen sind zunächst nackt, ihre Augen sind noch zu, die Lider miteinander verwachsen. Auch die Ohröffnungen sind noch geschlossen und die Ohrmuscheln kaum zu erkennen. Ihre Haut ist rosig. Um den 11. Tag läßt sich dann ein Hauch von Fell erahnen, die dunkle Streifenzeichnung wird erkennbar. Nach etwa 18 Tagen beginnen sich die Lidspalten zu trennen. Jetzt ist das Fellchen mit seiner Färbung schon recht gut ausgebildet, allerdings fehlen noch die langen, buschigen Schwanzhaare. Das Schwänzchen sieht noch recht kahl aus. Die Ohrmuscheln nehmen Gestalt an. Im Alter von 3 Wochen versuchen die kleinen Hörnchen schon einmal, weiche Nahrung neben der Muttermilch aufzunehmen, falls das Weibchen einmal ein Stück Obst mit ins Nest bringt, aber das klappt doch noch nicht so richtig. Sie tun es auch nur im Nest, das sie noch nicht verlassen können. Nimmt man sie in diesem Alter aus dem Nest, so klammern sie sich fest an den Untergrund und können sich sogar schon an einem Ast halten. Doch sollte man solche Experimente nicht anstellen. Mit dem Laufen ist es noch nicht weit her, mehr schiebend und rutschend bewegen sie sich auf der Unterlage voran. Die ersten Ausflüge unternehmen sie mit etwa 35 Lebenstagen. Im Alter von rund 50 Tagen sind die Jungen allmählich der Muttermilch entwöhnt und fähig, ganz zu fester Nahrung überzugehen.

Streifenhörnchen-Weibchen beim Säugen ihrer Jungen im warm ausgepolsterten Wurfhäuschen.

Wie auf Seite 21 beschrieben, werden Jungtiere, die man im Alter von 30 Tagen von der Mutter trennt und mit der Hand aufzieht, besonders schnell zahm und vertraut. Wollen Sie (will ein neuer Besitzer) die Jungen nicht mit der Hand aufziehen, kann man sie so lange im Wurfkäfig lassen, bis das Weibchen beginnt, sie zu jagen oder wegzubeißen. Das kann im Alter von etwa 3 bis 4 Monaten sein. Manche Weibchen dulden den Nachwuchs recht lange in ihrer Umgebung. Schwierig wird es erst, wenn die Jungen im Alter von einem Jahr die Geschlechtsreife erlangen. Spätestens dann muß man die Familie endgültig trennen.

Streifenhörnchen mit der Hand aufziehen

Das beste Alter, um junge Streifenhörnchen mit der Hand aufzuziehen, liegt um den 30. Tag. Sie sind dann bereits über das Babyalter hinaus, müssen aber noch Milch bekommen, saugen also, und zeigen keinerlei Scheu vor Berührungen mit der Hand. Aber auch im Alter von 40 Tagen und sogar noch einige Zeit nach dem Selbständigwerden kann man Streifenhörnchen ohne weiteres handzahm machen (→ Seite 22).
Wie Sie ein Hörnchen, das Sie an seinem 30. Lebenstag von der Mutter trennen, richtig versorgen und ernähren, habe ich auf Seite 22 in dem Kapitel »So werden junge Streifenhörnchen zahm« genau beschrieben. Einige Tips, wie Sie die Handaufzucht »vorbereiten« können, möchte ich Ihnen hier aber noch geben: Je früher Sie mit dem Vertrautmachen beginnen, um so »selbstverständlicher« wird dem Hörnchen die Versorgung durch eine Ersatzmutter sein. Sobald die Jungen behaart sind, können Sie die Kleinen zwei- bis dreimal täglich für kurze Zeit aus dem Nest nehmen – immer vorausgesetzt, das Muttertier duldet dies. Vom 25. Lebenstag an kann man sie dann bereits eine viertel oder halbe Stunde außerhalb des Nestes lassen, in der Hand, auf dem Schoß oder in einer Jackentasche. Warm sollen sie es dabei immer haben. Man mag sie streicheln, mit einem Finger kraulen oder einfach in den Händen halten – so gewöhnen sie sich schon beim Heranwachsen an die Hand des Pflegers und an ihren Geruch.

Streifenhörnchen verstehen lernen

Man kann das Verhalten eines Tieres in der Obhut des Menschen nicht gut beurteilen und sich auch nicht in seine Lebensansprüche und »Wünsche« hineindenken, wenn man nicht wenigstens ungefähr weiß, wie es in freier Natur lebt. Wissen sollte man auch, was für ein Tier so ein Streifenhörnchen – im zoologischen Sinne – überhaupt ist, und wer zu seiner Verwandtschaft gehört.

Streifenhörnchen und ihre Verwandtschaft

Streifenhörnchen sind Nagetiere (Ordnung *Rodentia*). Nagetiere kennen Sie vermutlich eine ganze Menge: Mäuse oder Ratten etwa, das Eichhörnchen oder das Murmeltier, den Hamster oder das Meerschweinchen. Aber beim Kaninchen liegen Sie falsch. Kaninchen und Hasen gehören zur Ordnung der Hasentiere *(Lagomorpha)* – doch das nur nebenbei. Zwar nagen Hasen und Kaninchen auch, aber da es eine Reihe von Unterschieden zwischen ihnen und den eigentlichen Nagetieren gibt, haben sie im zoologischen System ihre eigene Ordnung.

Und wie es innerhalb der Ordnung Nagetiere zum Beispiel die Familie der Biber *(Castoridae),* die Familie der Mäuse *(Muridae)* oder die Familie der Bilche *(Gliridae)* gibt, so finden wir auch eine Familie der Hörnchen *(Sciuridae).* Innerhalb dieser Familie gibt es wieder Unterfamilien. Eine davon ist die Unterfamilie der Erd- und Baumhörnchen *(Sciurinae).* Und hier, in der Verwandtschaft von Murmeltier, Präriehund oder Eichhörnchen, finden wir unsere Streifenhörnchen wieder.

Das mag nun für den Nichtzoologen etwas verwirrend sein, aber zumindest Murmeltier und Eichhörnchen werden Sie sicher irgendwoher kennen. Dabei ist das Murmeltier ein typisches Erdhörnchen (gräbt Erdbaue, lebt in der baumlosen Alpenregion), während das Eichhörnchen ein typisches Baumhörnchen ist (klettert gewandt, geht selten auf den Boden, lebt im Wald). Und das Streifenhörnchen? Das ist sozusagen ein Tausendsassa, der nicht nur im Erdreich Baue graben und in großen Sprüngen über den Boden flitzen kann, sondern auch ausgezeichnet klettert.

Jedoch Streifenhörnchen ist nicht gleich Streifenhörnchen, und es gibt nicht nur eine Art. Man kennt sechzehn Arten, die im Norden der Alten und der Neuen Welt vorkommen (einige Arten sind auf den nachfolgenden Seiten näher beschrieben). Diese Streifenhörnchenarten werden auch als »Backenhörnchen« zu einer Gruppe zusammengefaßt. Sie besitzen nämlich große, bis zum Hinterkopf oder gar zu den Schultern reichende innere Backentaschen (wie die Hamster), in denen Nahrung gesammelt und zu einem sicheren Versteck gebracht werden kann (→ Seite 50).

Auch mit den Streifen hat es bei den Hörnchen seine Richtigkeit. Sie ziehen sich in Längsrichtung über Rücken und Flanken und heben sich in der Färbung deutlich vom übrigen Fellbereich ab.

Steckbriefe wichtiger Hörnchenarten

Asiatisches Streifenhörnchen
Farbfotos Umschlag-Vorderseite, U 2, Seite 9, 10, 27 und Umschlagrückseite
Tamias sibiricus
Die bei uns im Zoofachhandel am häufigsten angebotene Hörnchenart ist das Asiatische Streifenhörnchen, auch Burunduk genannt. Andere, mit ihm verwandte Arten werden bei uns kaum als Heimtiere gehalten, da sie nur selten importiert werden wie zum Beispiel die mit den Burunduks nah verwandten, in Nordamerika lebenden Chipmunks. Und unser Eichhörnchen oder das Murmeltier dürfen nicht als Heimtiere gehalten werden.

Streifenhörnchen verstehen lernen

Größe: Von der Nasenspitze bis zur Schwanzspitze mißt das Asiatische Streifenhörnchen 21 bis 25 cm, wovon fast die Hälfte auf den buschig behaarten Schwanz kommt.

Aussehen: Das Fell der Oberseite ist gelbbraun, der Bauch ist weißlich. Über den Rücken ziehen sich fünf dunkelbraune Streifen, einer auf der Rückenmitte, je zwei an beiden Körperseiten.

Gewicht: Erwachsene Burunduks wiegen je nach Jahreszeit 50 bis 120 g. Im Winter, bevor die Winterschlafperiode beginnt, sind sie schwerer, weil sie sich für die karge Zeit gemästet haben. Im Frühjahr, nach dem Erwachen, ist der Körper entsprechend ausgezehrt, auch wenn der Schlaf ab und zu durch kleine Pausen zur Nahrungsaufnahme unterbrochen wurde. Bei Streifenhörnchen, die im Zimmer gehalten werden und deshalb keinen Winterschlaf halten, sind die Gewichtsschwankungen entsprechend geringfügiger.

Vorkommen: Die Heimat des Asiatischen Streifenhörnchens erstreckt sich vom Weißen Meer bis zum Beringmeer. Außerdem kommt es vor in der Mongolei, der Mandschurei, im mittleren China und in Nordjapan. Die kleinen Nager leben vorwiegend in Nadel- und Mischwäldern mit Unterholz, in Gebüschen an Wald- und Feldrändern sowie in Büschen und Bäumen bewachsener Flußtäler.

Nahrung: Beeren, Samen, Knospen, Pilze, zarte Blätter, Nüsse (→ Seite 50).

Lebensweise: Die Hörnchen leben in Kolonien, in denen jedes Tier sein eigenes Revier markiert und auch verteidigt. Die Paarungszeit be-

Körperbau und Knochengerüst des Streifenhörnchens. Die Kenntnis der einzelnen Körperteile des Hörnchens wird Ihnen bei einer Verletzung des Tieres beim Gespräch mit dem Tierarzt nützen.

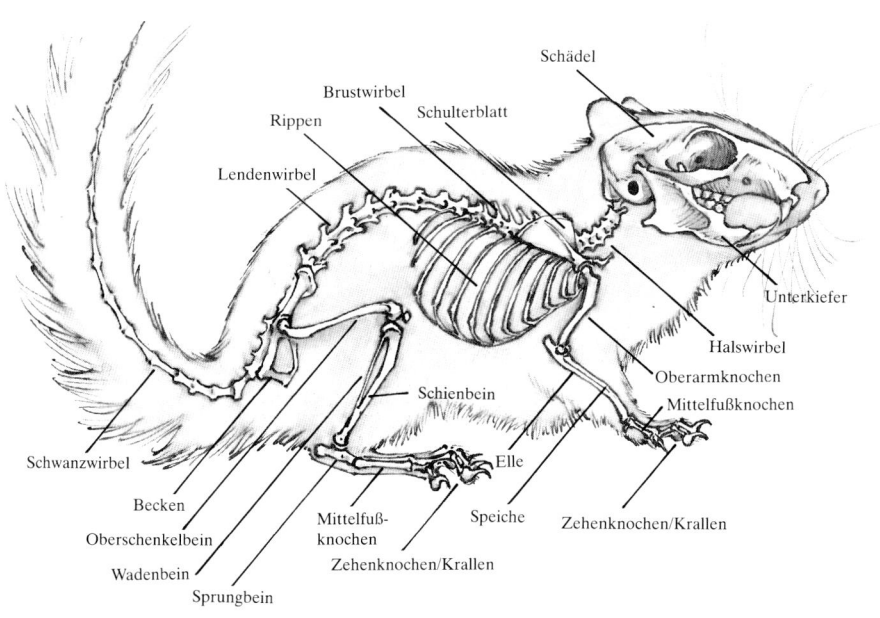

Schädel
Brustwirbel
Rippen
Schulterblatt
Lendenwirbel
Unterkiefer
Halswirbel
Oberarmknochen
Mittelfußknochen
Schienbein
Schwanzwirbel
Elle
Becken
Speiche
Oberschenkelbein
Mittelfuß-knochen
Zehenknochen/Krallen
Wadenbein
Zehenknochen/Krallen
Sprungbein

Streifenhörnchen verstehen lernen

ginnt – nach dem Winterschlaf – im April. Die Tragzeit beträgt 29 bis 32 Tage. Der Wurf besteht aus 3 bis 6 Jungen, die nackt und blind auf die Welt kommen und mit etwa 35 Tagen erstmals den Bau verlassen. Bis etwa zum 50. Lebenstag werden sie von der Mutter gesäugt. (Die Lebensweise der Streifenhörnchen in der Natur wird in den nachfolgenden Kapiteln ausführlich beschrieben, → Seite 46.)

Alpenmurmeltier
Marmota marmota
Größe: Kopf-Rumpf-Länge 53 bis 73 cm, die Schwanzlänge beträgt 13 bis 16 cm.
Vorkommen: Europäische Alpen, in den Pyrenäen (eingeführt), östliche Alpen, Karpaten und Schwarzwald. Sie leben oberhalb der Baumgrenze.
Nahrung: Wurzeln, Kräuter und Gräser.
Lebensweise: Leben gesellig in Kolonien. Ab August werden Gras und Halme getrocknet und als Heu zur Auspolsterung und als Herbstnahrung in die Baue eingetragen. Der Winterschlaf dauert 6 Monate. Paarungszeit ist im Mai. Die Tragzeit beträgt 5 Wochen. Der Wurf besteht aus 2 bis 7 Jungen, die bei der Geburt blind und nackt sind. Im Alter von 2 Jahren sind sie ausgewachsen. Alpenmurmeltiere können 16 Jahre alt werden.

Ziesel
Farbfoto Seite 37
Citellus citellus
Größe: Kopf-Rumpf-Länge 19 bis 22 cm, die Schwanzlänge beträgt 5,5 bis 7,5 cm.
Gewicht: 240 bis 340 g.
Verbreitung: Steppengebiete Südost-Europas.
Nahrung: Gras, Kräuter, Wurzeln, Samen, Beeren, Getreide.
Lebensweise: Lebt gesellig in Kolonien. In den Backentaschen wird ein Wintervorrat in den Erdbau eingetragen. Winterschlaf wird – je nach Witterung – vom Herbst bis zum März

gehalten. Paarungszeit ist April bis Mai. Die Tragzeit beträgt 28 Tage. Jährlich gibt es nur einen Wurf mit 3 bis 11 Jungen, die blind und nackt auf die Welt kommen; im Alter von 5 Wochen verlassen sie erstmals den Bau.

Streifen-Backenhörnchen
Farbfoto Seite 47
Tamias striatus
Größe: Kopf-Rumpf-Länge 13 bis 15 cm, der Schwanz mißt 7 bis 10 cm.
Vorkommen: Mittlere und östliche USA.
Nahrung: Beeren, Samen, Knospen, zarte Blätter und Nüsse.
Lebensweise: Das Streifen-Backenhörnchen lebt außerhalb der Paarungszeit als Einzelgänger in Erdbauen. Bei Gefahr flüchtet es oft auf Bäume. Stimme: »chuck-chuck-chuck«. Paarungszeit ist April bis Mai. Der Wurf besteht aus 3 bis 5 Jungen.

Gebirgschipmunk
Tamias alpinus
Größe: Kopf-Rumpf-Länge 11 bis 12 cm, die Schwanzlänge beträgt 6,5 bis 9 cm.
Gewicht: 50 bis 80 g.
Verbreitung: In den Rocky Mountains (USA) von der Baumgrenze an bis in die Höhe von 2500 m.
Nahrung und Lebensweise: Ähnlich wie Streifen-Backenhörnchen.

Kleiner Chipmunk
Tamias minimus
Größe: Kopf-Rumpf-Länge 9 bis 11 cm, der Schwanz mißt 7,5 bis 11 cm.
Gewicht: 30 bis 50 g.
Vorkommen: Nördliches, mittleres und südwestliches Nordamerika, großes Verbreitungsgebiet.
Nahrung und Lebensweise: Ähnlich wie Streifen-Backenhörnchen. Beim Laufen wird der Schwanz steil nach oben getragen.

Streifenhörnchen verstehen lernen

Eichhörnchen
Farbfotos Seite 47 und 48
Sciurus vulgaris
Größe: Kopf-Rumpf-Länge 20 bis 25 cm, die
Schwanzlänge beträgt 17 bis 20 cm.
Gewicht: 250 bis 480 g.
Vorkommen: Europa und Asien; es lebt in
Wäldern und baumreichen Parks. Bei uns gibt
es zwei Hauptfärbungstypen: in der norddeut-
schen Tiefebene leben fast auschließlich fuchs-
rote Eichhörnchen (mit weißem Bauch), im
Gebirge vor allem die braunschwarzen mit wei-
ßem Bauch.
Nahrung: Knospen, Früchte, Nüsse, Blüten,
Samen, Triebe, Rinde, Pilze, Insekten, Vogel-
eier und Jungvögel.
Lebensweise: Eichhörnchen sind tagaktiv, halten einen Winterschlaf, der bei wärmerer Witterung aber unterbrochen wird. Dann suchen
die Tiere nach Vorräten (Nüssen, Eicheln,
Bucheckern), die sie im Herbst angelegt haben
(im Boden). Eichhörnchen haben eine schnal-
zende Stimme. Paarungszeit ist März bis Juni.
Der Wurf besteht aus 2 bis 5 Jungen. Die
Jungen werden im Baumnest (Eichhornkobel)
oder in einem Nest in Baumhöhlungen geboren. Sie sind bei der Geburt nackt und blind. Im
Alter von etwa 45 Tagen verlassen sie erstmals
das Nest. Handaufgezogen werden Eichhörnchen sehr zahm, aber später brauchen sie viel
Auslauf und Raum und eignen sich *nicht* zur
Haltung als Heimtier. (Unser Naturschutzge-
setz verbietet es, einheimische Tiere zu fangen,
um sie als Heimtiere zu halten.)

Grauhörnchen
Farbfoto Seite 28
Sciurus carolinensis
Größe: Kopf-Rumpf-Länge 20 bis 25 cm, der
Schwanz ist 19 bis 20 cm lang.
Gewicht: 340 bis 680 g.
Vorkommen: Ursprünglich nur in der östlichen
Hälfte Nordamerikas, in Eichen- und Nadel-
wäldern. Gegen Ende des letzten Jahrhunderts
wurden sie in England eingebürgert und ver-
drängten dort bald die heimischen Eichhörn-
chen.
Nahrung: Feine Rindenteile von Fichten, Lär-
chen und Laubbäumen, Knospen, Früchte und
Samen. Durch das Schälen von Rinde wird
großer Schaden angerichtet, weil die Bäume
danach absterben.
Lebensweise: Ähnlich wie beim Eichhörnchen.

Wie Streifenhörnchen in der Natur leben

Streifenhörnchen leben in lockeren Kolonien;
nicht eigentlich gesellig im engen Verband, also
zum Beispiel in Familien oder Sippen. Jedes
Tier hat innerhalb der Kolonie sein festes Territorium. Die Größe dieser Territorien ist recht
unterschiedlich und hängt wahrscheinlich von
der darin zur Verfügung stehenden Nahrungs-
menge und Nahrungsreserve ab. So können auf
einem Hektar zwischen ein und zehn Streifenhörnchen leben.
Die Grenzen der Territorien werden durch
Harn von den Besitzern markiert, aber auch
von einem erhöhten Ausguck optisch über-
wacht. Und wenn es in der freien Natur zu
Raufereien kommt, so meist an den Reviergrenzen zweier Nachbarn.

Verwandte des Streifenhörnchens. ▷
Oben links: Streifen-Backenhörnchen (*Tamias
striatus*). Oben rechts: Goldgestreiftes Backenhörnchen (*Spermophilus lateralis*). Unten: Eichhörnchen
(*Sciurus vulgaris*) beim Trinken.

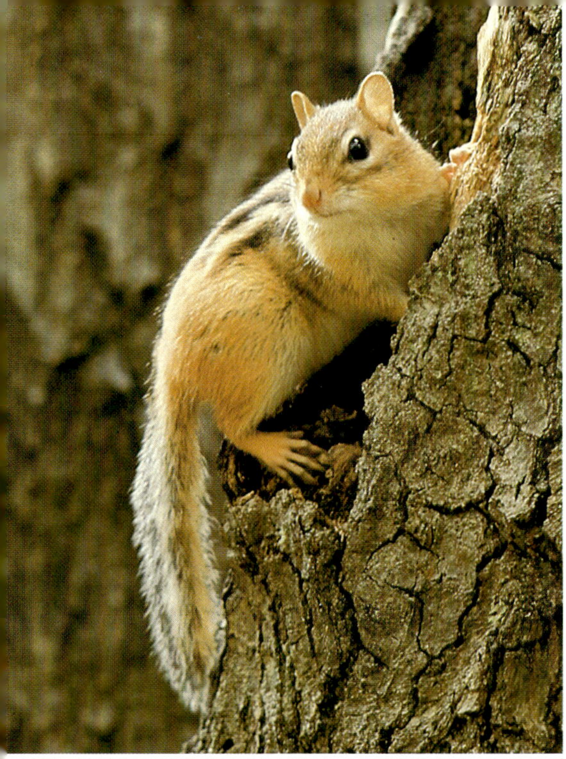
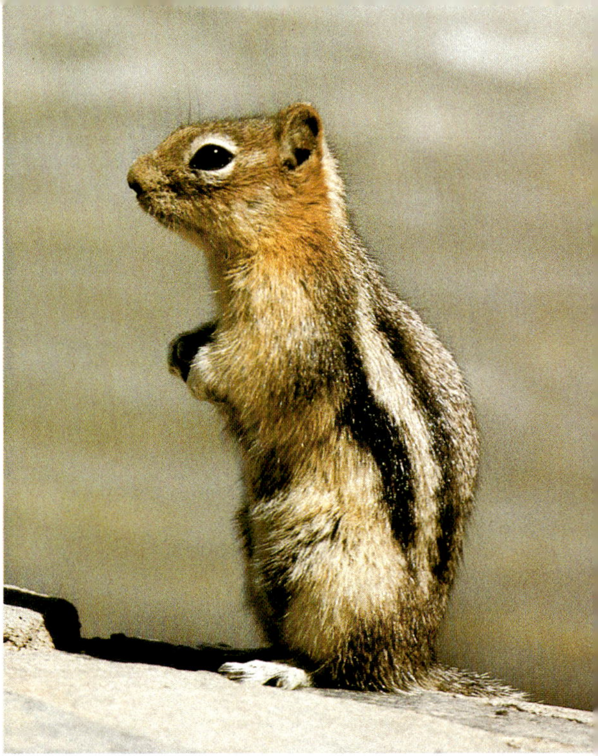
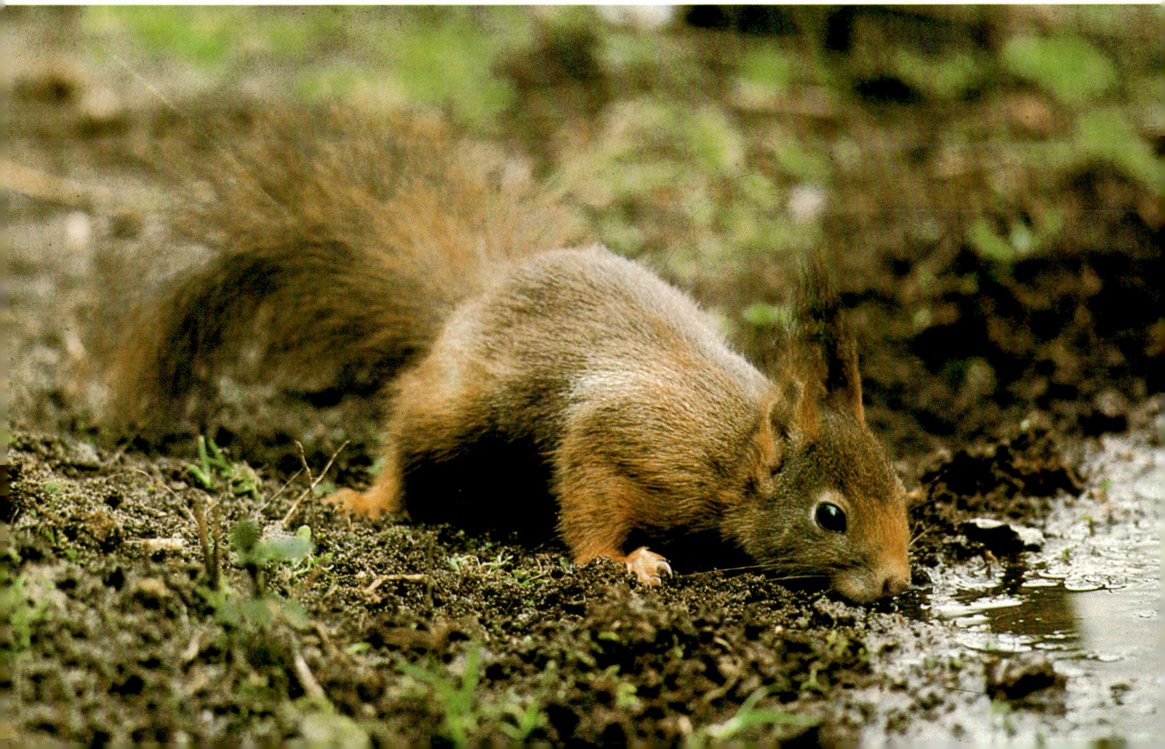

Streifenhörnchen verstehen lernen

Es gibt ja, wie auf Seite 43 beschrieben, ausgesprochen bodengebundene Hörnchen, die niemals klettern, und andere, wie das Eichhörnchen, die sich bevorzugt auf Bäumen aufhalten. Das Streifenhörnchen (das Burunduk, → Seite 43) nimmt als kletterndes Erdhörnchen eine Mittelstellung ein.

Schon am Bau der Pfoten läßt sich beim Streifenhörnchen eine Anpassung an das Klettern in Bäumen und Büschen erkennen. Vergleicht man sie etwa mit den Pfoten des Ziesels, das ein Steppenbewohner ist und vom Klettern nicht viel hält, so sind die polsterartigen Ballen am Ende der Zehen beim Streifenhörnchen viel besser und deutlicher ausgeprägt, auch die Vertiefungen zwischen ihnen. Die Krallen sind beim Streifenhörnchen kürzer als beim Ziesel, dafür aber stärker gebogen und wesentlich schärfer. Damit fällt dem Streifenhörnchen das Sich-Festhaken auch in glatter Baumrinde nicht schwer.

Vom Eichhörnchen ist bekannt, daß es gelegentlich recht gewagte weite Sprünge von Baum zu Baum oder von einem Baum hinunter zum Boden unternimmt, vor allem wenn es von einem Feind verfolgt wird. Mit weit gespreizten Vorder- und Hinterbeinen schnellt es sich ab, und sein extrem buschiger Schweif wirkt als Balancier- und Steuerorgan. Solcherlei Sprünge machen Streifenhörnchen ungern und höchstens in großer Not.

◁ Eichhörnchen im Sprung.
Unser einheimisches Eichhörnchen ist mit dem Streifenhörnchen eng verwandt. Aufgrund ihrer Lebensweise eignen sich unsere Eichhörnchen jedoch nicht für die Haltung als Heimtier.

Der Wohnbau

Seine Wohnbaue legt das Streifenhörnchen in der Natur im Boden an. Dazu hat es bei der Haltung in der Obhut des Menschen kaum Gelegenheit, es sei denn, es wird in einem Freikäfig mit entsprechender Bodenausstattung gehalten. Draußen liegen seine Baue einen halben bis eineinhalb Meter unter der Oberfläche. Sie haben einen Eingang, der häufig zwischen Baumwurzeln, Stuken oder am Rande von größeren Steinbrocken liegt, und zum Wohnkessel, zu den Vorratskammern und Kotkammern führt (→ Zeichnung Seite 50). Es gibt in jedem Bau mehrere Vorratskammern sowie Blindgänge für das Absetzen von Kot. Der Streifenhörnchenbau kann insgesamt eine Länge von 2 bis 3 m haben.

Zum Schlafen und Ruhen kehrt das Streifenhörnchen immer in seinen Bau zurück, dort zieht es seine Jungen auf und hält seinen Winterschlaf.

Der Winterschlaf

Der Winterschlaf, bei dem alle Kreislauffunktionen stark herabgesetzt sind, wird nur hin und wieder zur Nahrungsaufnahme (aus den Vorratskammern) und zum Koten und Harnen (in den Kotkammern) unterbrochen. Erst bei milder Witterung im März oder April erwachen die Hörnchen dann endgültig und wagen sich wieder aus ihren Bauen hervor.

Unter den Säugetieren gibt es eine ganze Anzahl Arten, die einen Winterschlaf halten, so etwa die Fledermaus, der Igel, die Bilche oder der Hamster. Und unter den Hörnchen halten nicht nur die Streifenhörnchen einen Winterschlaf. Bekanntlich verfallen auch das Murmeltier oder das Ziesel während der kalten Jahreszeit in einen Tiefschlaf. Welche Außentemperaturen als Auslöser für den Winterschlaf gelten, ist bei den Arten unterschiedlich. Beim Hamster sind es 9 bis 10 °C, beim Siebenschläfer 18 °C, beim Ziesel (einem nahen Verwandten des Streifenhörnchens) sogar schon 20 °C, also relativ hohe Temperaturen. Ebensolche Unterschiede gelten für die Minimal-Körpertemperaturen, die ein Tier im Schlaf erreicht.

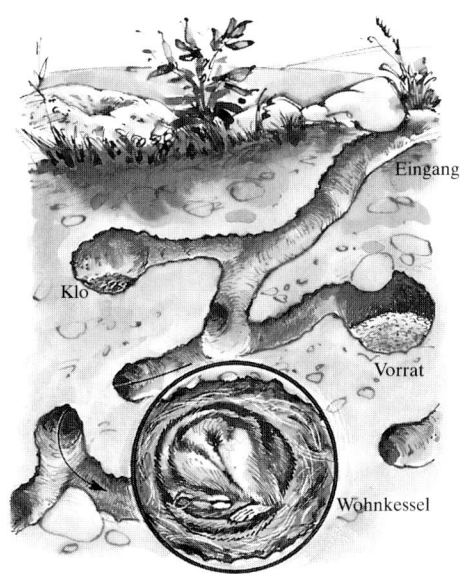

Ausschnitt des Wohnbaues eines wildlebenden Streifenhörnchens. Der versteckt liegende Eingang führt zu den Kotkammern, den Vorratskammern und zum Wohnkessel. Zusammengerollt, den Schwanz über Rücken und Kopf geschlagen, hält das Hörnchen im Wohnkessel seinen Winterschlaf.

So sinkt beim Hamster die Körperwärme nicht unter 4 °C, bei der Haselmaus und beim Ziesel beträgt sie nahezu 0 °C. Ähnlich dürfte es beim Streifenhörnchen sein, genaue Werte sind leider noch nicht bekannt.

Zur Aufrechterhaltung der Lebensfunktionen genügen die im Körper gespeicherten Fettvorräte. Neben der absinkenden Körpertemperatur kommt es auch zu einer verlangsamten At-

mung. Ein Igel etwa atmet im wachen Zustand rund 20mal in der Minute, im Tiefschlaf 1mal, und sein Herz, das in der Wachperiode durchschnittlich 188mal pro Minute schlägt, klopft im Winterschlaf nur 21mal. Entsprechend verlangsamt sich natürlich auch der Blutumlauf, und der Blutdruck sinkt.

Mit sinkender Körpertemperatur vermindern sich bei den Tieren dann auch die Funktionen ihrer Nerven. Die Großhirntätigkeit erlischt praktisch total, und alle höheren Nervenfunktionen werden ausgeschaltet. Äußere Reize werden kaum mehr wahrgenommen, und es erfolgen keine Reaktionen darauf. Doch gibt es auch hier Unterschiede von Art zu Art. Winterschlafende Ziesel lassen sich eingekugelt über den Boden rollen, ohne zu erwachen, wogegen ein Hamster schon bei leichter Berührung Streckbewegungen und Abwehrverhalten zeigen kann.

Nahrung und Nahrungsaufnahme

Nach Beobachtungen von Forschern, die in der Heimat der Asiatischen Streifenhörnchen unterwegs gewesen sind, brauchen Streifenhörnchen etwa 100 g Nahrung am Tag. Sie fressen hauptsächlich Beeren und Samen, die man ihnen ja auch bei der Haltung in der Obhut des Menschen geben soll, daneben Knospen, Pilze, zarte Blätter und natürlich Nüsse. In Sibirien gehen sie besonders gerne an Zirbelnüsse. Gibt es einmal wenig dieser im allgemeinen reichlich vorhandenen Nahrung, so können Streifenhörnchen auf Getreidefelder und in Gärten abwandern und dort dann beträchtlichen Schaden unter den vom Menschen angebauten Früchten anrichten.

Ein Forscher beschrieb, daß sie sich manchmal in solchen Mengen in der Nähe menschlicher Siedlungen zusammenfinden können, daß aus einer einzelnen Getreidegarbe bis zu fünfzehn Tiere herausspringen, schlägt man mit einem Stock dagegen. Bei den Bauern sind sie also nicht sehr beliebt, zumal sie ja nicht nur das eben Benötigte verzehren, sondern sich reichlich Wintervorräte anlegen.

Wenn die beiden Backentaschen gefüllt sind, haben sie zusammen etwa das Volumen des Kopfes eines Streifenhörnchens. Es ist erstaunlich, was und wieviel in diese Taschen hineingeht. In beiden zusammen kann ein Hörnchen mindestens 22 Ahornsamen unterbringen. Es sieht schon etwas merkwürdig aus, wenn ein Streifenhörnchen mit vollen Backentaschen durch die Gegend läuft – als hätte es Mumps. Das Verstauen der Körner, Nüsse oder auch weicher Nahrung in die beiden Backentaschen geht schnell. Mit den Vorderpfoten wird Same um Same ins Maul gestopft und mit der Zunge nach rechts und links in die Taschen verteilt. Das »Ausspucken« geht ebenso schnell, wobei die Vorderpfoten massierend und schiebend von außen den Vorgang unterstützen. Nur wenn sich das Hörnchen einen ziemlich großen Brocken hineingeschoben hat, eine ganze Haselnuß etwa, hat es mit dem Herausbringen manchmal Schwierigkeiten.

Bei der Nahrungsaufnahme benützen die Hörnchen ebenfalls ihre Vorderpfoten. Während sie nach Eichhörnchenart auf den Hinterbeinen in aufrechter Haltung sitzen, benagen oder beknabbern sie den in den Vorderpfoten gehaltenen Futterbrocken. Es ist erstaunlich, wie schnell so ein Streifenhörnchen eine Nuß öffnen kann. Hierbei, wie auch bei anderen hartschaligen Futterteilen, wird zunächst die Nuß zwischen den Pfoten gedreht, um für die Zähne den besten Ansatzpunkt zu finden.

Das Gebiß eines Streifenhörnchens besteht aus 22 Zähnen. Auf jeder Seite des Oberkiefers hat es einen Schneidezahn (Nagezahn) und fünf Backenzähne, im Unterkiefer stehen auf jeder Seite ebenfalls ein Schneidezahn, aber nur vier Backenzähne. Zwischen den Schneidezähnen und dem ersten Backenzahn ist eine Lücke. Nagetiere besitzen allesamt keine Eckzähne

wie etwa Raubtiere. Die Hauptarbeit beim Nagen leisten die Nagezähne des Unterkiefers, während die oberen als Widerlager dienen. Ist erst einmal ein winziges Loch in der Schale, dann wird dieses schnell erweitert, bis die Schalenhälften entweder auseinander gesprengt werden können, oder Teile des weichen Kernes mit den Zähnen herauszuholen sind.

Die Feinde des Streifenhörnchens

Als kleine, tagsüber ihr Wesen treibende Tiere haben Streifenhörnchen in der freien Natur eine große Zahl von Feinden. Unter den Vögeln jagen fast alle Greife nach Streifenhörnchen. Falke, Sperber, Habicht und Bussard, um nur einige zu nennen, finden hier einen Teil ihrer Beute. In Sibirien besteht etwa ein Drittel der sommerlichen Bussardbeute aus Streifenhörnchen. Und natürlich machen auch Wiesel, Marder, Fuchs und Wildkatze Jagd auf sie. Für die unerfahrenen Jungtiere kommen noch einige Feinde dazu. Streifenhörnchenmütter sind um ihren Nachwuchs zwar sehr besorgt, jedoch können Hermelin und Mauswiesel in die Baue eindringen, ebenso der Maulwurf oder die sehr gefräßigen Spitzmäuse. Kleinere Feinde, wie eben diese Spitzmäuse, werden vom Hörnchen vertrieben, falls es in der Nähe ist. Gegen größere Räuber allerdings können sie sich nicht wehren. Nach Störungen am Bau kann ein Weibchen seine Jungen in eine neue Behausung tragen. Dabei verfallen die Kleinen in eine sogenannte Tragstarre: Sie rollen sich etwas zusammen und lassen sich von der Mutter ohne Widerstand am Nackenfell packen und abtransportieren. Sind die Jungen erst einmal voll bewegungsfähig, dann laufen und turnen sie mit dem Weibchen tagsüber lange Zeit umher und lernen über die Warnpfiffe und das Verhalten der Mutter Gefahren erkennen. Im Ernstfall flüchten sie in den Bau oder in ein anderes nahes Versteck beziehungsweise – bei »Feind von unten« – auf einen Baum.

51

Immerhin kann die Lebensdauer für Streifenhörnchen auch in freier Natur sechs bis sieben Jahre betragen. In der Obhut des Menschen, wo Gefahren durch Feinde ja nicht auftreten, können sie sogar noch älter werden.

Nicht nur durch Feinde aus dem Tierreich sind Streifenhörnchen bedroht. Starke oder langanhaltende Regenfälle, Überschwemmungen erst recht, und schließlich auftretender Nahrungsmangel können einer Streifenhörnchen-Bevölkerung (Population) starke Verluste bringen. Doch dies gleicht sich unter natürlichen Bedingungen immer wieder aus.

Die Asiatischen Streifenhörnchen scheinen sich recht gut in ihrer Umwelt durchsetzen zu können. Ursprünglich kamen sie nur in Sibirien vor. Aber seit etwa einem Jahrhundert sind sie dabei, sich stark nach Westen auszubreiten. Um 1850 wurden Streifenhörnchen im Uralgebiet beobachtet nicht lange danach an der Wolga. Inzwischen hat man sie bereits in Finnland gesehen. Vielleicht gehört das Streifenhörnchen irgendwann einmal auch zu unserer heimischen Tierwelt. Das wäre, wenn es auf natürlichem Wege geschieht, sicher eine interessante und hübsche Bereicherung, um so mehr, als viele unserer Tierarten in der Vergangenheit ausgestorben oder heute vom Aussterben bedroht sind.

Verhaltensweisen des Streifenhörnchens

Man kann bei Kleinsäugern und gerade bei den Nagetieren eine ganze Reihe von Verhaltensweisen beobachten, die sehr ähnlich ablaufen, auch wenn wir sie an unterschiedlichen Arten beobachten. Zum Beispiel setzen sich viele beim Fressen auf die Hinterbeine, halten den Futterbrocken mit den Vorderpfoten und nagen Teile davon ab.

Auch bei der Fellpflege, beim Putzen, lassen sich sehr einheitliche Abläufe erkennen.

Fellpflege

Wie die meisten Kleinsäuger verwenden Streifenhörnchen einen großen Teil ihrer Zeit für die Fellpflege. Sie putzen sich, Zunge, Zähne und Vorderpfötchen sind dabei die Hauptwerkzeuge. In der Regel beginnen sie am Kopf, wobei die Vorderpfötchen an der Innenseite abgeleckt und dann beide gleichzeitig von hinten (hinter den Ohren beginnend bis zur Schnauze) über das Kopffell gestrichen werden. Fellpartien an der Körperseite und am Rücken werden, soweit sie mit den Pfoten erreichbar sind, mit den Zehen gekämmt und mit der Zunge bearbeitet und geleckt. Das gleiche gilt für den Schwanz, der in seiner ganzen Länge elegant durchfrisiert wird, wobei die große Biegsamkeit des Schwanzes die Sache erleichtert.

Schlafen und Ruhen

Beim Schlafen liegen Streifenhörnchen entweder zusammengerollt mit der Schnauzenspitze zum Bauch hin, den Schwanz über Kopf und Rücken geschlagen, oder seitlich ausgestreckt. Auch auf dem Rücken liegend habe ich sie manchmal beobachtet, wenn viel Platz im Schlafkästchen ist und sie sich sehr sicher und vertraut fühlen, oder wenn es sehr warm ist.

In Ruhepausen während des Tages setzen sie sich manchmal einfach an irgendeinen etwas geschützten Platz, senken den Kopf nach unten und dösen vor sich hin. Geschieht dies am Boden, wird der Schwanz meist seitlich dem Körper angelegt. Sitzt das Hörnchen auf einem Ast, läßt es den Schwanz herunterhängen. Nach dem Erwachen am Morgen, aber auch tagsüber nach Ruheperioden, strecken sich Streifenhörnchen oft. Die Vorderpfoten werden dabei weit nach vorne vom Kopf weggestreckt, das Tier macht ein Hohlkreuz und seinen ganzen Körper so lang wie nur möglich. Gleichzeitig gähnt es mit weit aufgesperrtem Maul, so daß die oberen und unteren Nagezähne zu sehen sind.

Streifenhörnchen verstehen lernen

Was die Schwanzbewegungen bedeuten

Als optisches Signal dient übrigens der Schwanz bei den Streifenhörnchen. Jedem Halter wird nach kurzer Zeit auffallen, daß die Tiere, wenn ihnen irgendeine Sache nicht ganz geheuer erscheint, ihren buschigen Schwanz in S-förmigen seitlichen Schlängelbewegungen hin und her

Bewegungsablauf beim »Überschlag«-Springen. Nicht jedes Streifenhörnchen beherrscht diesen Salto.

krümmen. Sie tun es besonders häufig, wenn sie plötzlich mit einem ihnen unbekannten Duft Bekanntschaft machen, wenn der vertraute Pfleger etwa von einem Spaziergang nach Hause kommt und unterwegs mit den Schuhen in ein stark riechendes Etwas getreten ist. Sie nähern sich dann ganz langsam und vorsichtig, gleichsam jeden Moment zur Flucht bereit, und lassen ihren Schwanz schlängeln.

Auch fremden Menschen gegenüber geschieht das oder überhaupt in Situationen, die den Hörnchen neu sind.

Diese Schlängelbewegung ist ein ganz auffallendes Signal, wie eine Flagge, die hin und her geschwenkt wird. Es dürfte im Leben der Hörnchen eine ähnliche Rolle spielen, wie das Zeigen des weißen Spiegels (dem weißen Fleck um die Afterregion) bei Rehen, wenn diese vor einer Gefahr flüchten, oder dem Auf und Ab des weißen Schwanzes bei fliehenden Kaninchen. Beim Laufen und Klettern wird der Schwanz nach rückwärts ausgestreckt und gerade gehalten. Beim Sitzen kann er nach Eichhörnchenart auch über den Rücken geschlagen werden, oder er hängt, wenn sich das Streifenhörnchen auf einem Ast niedergelassen hat, gerade herunter.

Aggressives Verhalten

Bei Kämpfen zwischen Streifenhörnchen geht es ziemlich wild her. Die Tiere jagen einander mit unglaublicher Schnelligkeit und Gewandtheit – jedenfalls wenn es der Platz erlaubt. Der Verfolger, der Aggressivere also, versucht, das flüchtende Hörnchen mit den Vorderpfoten und Zähnen zu fassen und, wenn ihm dies gelingt, beißt er auch meist sofort zu. Wenn das gejagte Tier ängstlich und wenig zur Gegenwehr bereit ist, bekommt es die Bisse dabei hauptsächlich in den hinteren Teil seiner Rückenpartien. Wehrt es sich gegen den Angreifer, dann beißt es zurück oder versucht dies wenigstens, so daß beide ineinander verkrallt und verbissen über den Boden kugeln.

Solche Auseinandersetzungen führen fast immer zu Verletzungen des einen oder anderen Hörnchens und enden in einer zu engen Behausung und bei fehlender Fluchtmöglichkeit letztlich mit dem Tod des Schwächeren, wenn der Pfleger die kämpfenden Tiere nicht noch rechtzeitig trennen kann.

Manche Hörnchen werden von Zeit zu Zeit auch dem Pfleger gegenüber aggressiv, besonders im Spätherbst und Frühjahr. Das liegt wahrscheinlich daran, daß sie im Herbst ihre Nahrungsvorräte für den Winter und im Frühjahr ihr Revier für die Paarungszeit verteidigen wollen. Man muß sie dann in Ruhe lassen und sich möglichst wenig in ihrer Behausung zu schaffen machen, bis diese Zeit vorüber ist.

Lautäußerungen

Stimmlich sind unsere Hörnchen nicht sehr begabt. Außer den hohen pfeifenden Rufen während der Paarungszeit oder auch manchmal sonst bei starker Erregung und den knurrenden, brummenden Tönen bei Verfolgungsjagden oder auch beim Spielen, vernimmt man kaum etwas. Nur in höchster Angst, wenn sie gegriffen werden oder sich eingeklemmt haben, schreien die Tiere laut.

Sinnesleistungen

Riechen: Streifenhörnchen haben wie alle kleinen Nager einen sehr gut ausgeprägten Geruchssinn. Ihre Nase hilft ihnen vor allem, verborgene Nahrung aufzuspüren, Feinde rechtzeitig zu wittern und in der Fortpflanzungsperiode einen Partner zu finden.

Im Zusammenhang mit dem Geruchssinn steht vermutlich ein Verhalten, das ich als Kopf- und Bauchreiben bezeichnen will. Ausgeführt wird es vor allem auf einer rauhen Unterlage. Ähnlich wie beim Erdbaden rutschen die Hörnchen dabei über die Unterlage und pressen die Kopfunterseite und den Bauch dagegen. Möglicherweise dient dieses Verhalten der Markierung des Reviers mit Eigenduft, wie es zum Beispiel auch bei männlichen Kaninchen oder Goldhamstermännchen der Fall ist.

Sehen: Als tagaktive Tiere sehen Streifenhörnchen sehr gut. Dafür sprechen die recht großen Augen, die ziemlich weit vorstehen und damit einen guten Rundumblick gewährleisten.

Ob im Zimmer oder draußen, Streifenhörnchen beziehen gerne erhöht gelegene Aussichtsposten, von denen sie einen guten Rundumblick haben. Von hier aus, von einer Schrankecke

etwa oder einem Ast, beobachten sie ihre Umgebung genau. Sie schauen überhaupt gerne zu, wenn sich irgend etwas tut, verfolgen zum Beispiel am Fenster das Geschehen im Garten oder auf der Straße. Größere Vögel, Krähen oder Greifvögel, werden sofort eräugt, wenn sie sich am Himmel nähern. Kommt so ein natürlicher Feind zu nahe, dann stürzt sich das Hörnchen kopfüber zu Boden und sucht das nächstbeste Versteck auf. Lange dauert es jedoch nicht, bis das neugierige Tierchen wieder hervorkommt, um nachzusehen, ob die Luft wieder rein ist.

Hören: Ebenfalls gut entwickelt ist der Gehörsinn, der vermutlich bis in den Ultraschallbereich hineingeht. Nicht nur, daß Streifenhörnchen selbst sehr hohe Laute ausstoßen können, sie zucken auch beim Hören quietschender und anderer hoher Töne oft sichtbar zusammen. Und solche hohen Laute, die auch wir zum Teil hören können, besitzen fast immer bestimmte, sehr hochfrequente, eben im Ultraschallbereich liegende Anteile. Genauer untersucht ist das Hörvermögen bei den Streifenhörnchen bisher allerdings noch nicht.

Schmecken: Über den Geschmackssinn der Hörnchen ist kaum etwas bekannt. Sicherlich haben sie aber ein feines Empfinden für süß, sauer, salzig, und sie fressen ja auch nicht bedingungslos alles in sich hinein. Das läßt schon darauf schließen, daß Hörnchen wählen können. Und wer wählen kann, muß natürlich auch unterscheiden können, in diesem Falle also einen ganz gut ausgeprägten Geschmackssinn besitzen.

Fühlen: Der Tastsinn wird vor allem über die Schnurhaare seitlich der Schnauze benachrichtigt. Diese Haare, deren Wurzeln mit hochempfindlichen Tastnerven ausgestattet sind, zeigen einem Hörnchen an, wo es noch durchschlüpfen kann und wo nicht mehr. Und als gewandter Kletterer und Läufer sind auch die nackten Pfotenunterseiten reichlich mit Tastnerven durchsetzt.

Arten- und Sachregister

Die **halbfett** gesetzten Seitenzahlen verweisen auf Farbfotos. U = Umschlagseite.

Arten- und Sachregister/Bücher und Adressen

Bücher, die weiterhelfen

(falls nicht im Buchhandel, dann in
Bibliotheken erhältlich)
Berghoff, Peter C.: *Kleine Heimtiere
und ihre Erkrankungen.* Blackwell
Wissenschaftsverlag, Berlin
Robiller, Franz: *Vogelkäfige und Volieren.* Deutscher Landwirtschafts-Verlag,
Berlin

Adressen, die weiterhelfen

Fragen zur Heimtierhaltung beantworten:
Ihr Zoofachhändler oder der Zentralverband Zoologischer Fachbetriebe
Deutschlands e.V. (ZZF),
Telefon: (0 61 03) 91 07 32
(nur telefonische Auskunft möglich:
Mo 12–16 Uhr, Do 8–12 Uhr)
www.zzf.de

Bundesarbeitsgruppe Kleinsäuger e.V.,
Geschäftsstelle: Schulzoo Leipzig e.V.,
Binzer Str. 14, 04207 Leipzig
(nur Fragen zur Haltung möglich),
www.schulzoo.de
www.bag-kleinsaeuger.de

Rassezuchtverband Österreichischer
Kleintierzüchter (RÖK),
Geschäftsstelle: Mollgasse 11,
A-1180 Wien,
www.kleinzucht-roek.at

Wichtige Hinweise

Es gibt Menschen, die allergisch auf Tierhaare reagieren.
Fragen Sie im Zweifelsfall vor
der Anschaffung eines Streifenhörnchens den Arzt.
Streifenhörnchen sind Nagetiere. Um lebensgefährliche
Stromunfälle zu vermeiden,
achten Sie unbedingt darauf,
daß Ihr Streifenhörnchen keine
Stromleitungen benagt.

Zwei wildlebende Nördliche   ▷
Palmenhörnchen.